小读客 经典童书馆

童年阅读经典 一生受益无穷

哈尔的移动城堡三部曲 III
迷宫之屋

[英]戴安娜·韦恩·琼斯 著

林盛 译

House of Many Ways
Diana Wynne Jones

文汇出版社

献给我的外孙女露丝

也献给沙林的洗衣店

还有莉莉·B

目 录

第一章　查曼自愿照看巫师的小屋　　001

第二章　查曼探寻小屋　　011

第三章　查曼同时念几条咒语　　022

第四章　罗洛、彼得登场，以及瓦伊夫的神秘变化　　033

第五章　查曼迎来忧心忡忡的家长　　049

第六章　关于蓝色　　068

第七章　许多人来到皇室宅邸　　082

第八章　彼得修水管时遇到麻烦　　103

第九章　威廉叔公的房子真的有很多路　　117

第十章　闪闪爬上屋顶　　137

第十一章　查曼跪到蛋糕上　　150

第十二章　关于洗衣服和卢博克的卵　　162

第十三章	卡西法非常活跃	174
第十四章	再次挤满了地精灵	186
第十五章	闪闪被绑架	200
第十六章	有逃跑也有发现	212

第一章

查曼自愿照看巫师的小屋

"查曼一定得来,"森布罗尼婶婶说道,"我们不能留下威廉叔公孤零零一个人。"

"你那个叔公威廉?"贝克夫人问,"他难道——"她清了清喉咙,压低了嗓门,因为这在她看来并不是什么好事,"他难道不是个巫师?"

"他是巫师,"森布罗尼婶婶说道,"可他——"她也开始压低了嗓门,"他长了肿瘤,就在腹部,只有精灵们能帮他。他们要带他出去治疗,所以,得有人去照看他的房子。要是没有人看着那些咒语的话,它们会溜走的。而我,实在是忙到没空,光是我的流浪狗之屋就——"

"我也是。我们这个月的婚礼蛋糕订量过盛,"贝克夫人急促地说着,"山姆刚还说,光是今天一早——"

"那就只有查曼了,"森布罗尼婶婶下了决定,"她现在也的确够大了。"

"呃……"贝克夫人嘀咕了下。

她们不约而同地望向了店铺另一侧,贝克夫人的女儿正坐在那里,像往常一样,埋头看书,纤长的身体朝着贝克夫人种的、沐浴在阳光下的天竺葵的方向弯曲着。她顶着一头鸟窝似的红发,眼镜安坐在鼻子的末端,一手抓着她父亲做的汁水丰盛的大馅饼,边看边嚼。碎屑不断落在她的书上,落到她正在读的书页上,她就用手里的馅饼把碎屑拂去。

"呃……你听到我们说话了吗,亲爱的?"贝克夫人说话时有些不安。

"没有,"查曼嘴里塞满着东西说道,"说了什么?"

"那就这么决定了,"森布罗尼婶婶说道,"就由你去对她解释了,贝蕊妮丝,亲爱的。"她站起身,端庄地抖了抖她那件硬挺的丝缎裙的皱褶,接着是她那把真丝阳伞。"我明天一早来接她,"她说道,"现在我得回去告诉可怜的威廉叔公,查曼会去照料他的房子。"

她拖着衣裙走出店堂,而贝克夫人真希望她丈夫的婶婶没那么富有、那么独断。她还要想着该怎么和查曼解释,更别提要想怎么和山姆解释了。山姆从来不许查曼做任何有失体面的事情。贝克夫人也一样,除非森布罗尼婶婶插手。

与此同时,森布罗尼婶婶坐上了她漂亮的小马车,让马夫载着她前往城镇的另一边——威廉叔公的住所。

"我全部搞定了。"她放声说道,穿过通向威廉叔公书房的魔法通道,他正坐在里面闷闷不乐地写东西。"我的侄孙女查曼明天会来。她会送你离开,等你回来的时候,会照顾你。其间,她会替你照看屋子。"

"她真是太好了,"威廉叔公说,"我想她一定精通魔法,对吗?"

"我不清楚,"森布罗尼婶婶说道,"我只知道,她从来书不离手,也不在家里帮手,她父母待她像一件圣物。让她做点儿平常事,换换环境,对她有好处。"

"噢,亲爱的,"威廉叔公说,"谢谢提醒,那么我该当心了。"

"是该当心,"森布罗尼婶婶说,"还有,你最好确保家里有足够的食物。我从没见过像她一样能吃的女孩,而且还仍然瘦得像女巫的扫帚,我永远理解不了,那我明天在精灵们来之前带她到这里。"

她转身离开。"谢谢,"威廉叔公朝着她僵硬扭动的背影弱弱地说道,"亲爱的,亲爱的。"听到前门砰然合上,他又说着:"啊,好吧,我觉得,人要对亲戚充满感激。"

奇怪的是,查曼也十分感谢森布罗尼婶婶。不过并不是感激她让自己照顾一个素昧平生的生病的老巫师。"她可以直接来问我的!"她不住地对母亲说。

"我想她觉得你会拒绝,亲爱的。"贝克夫人这么回应。

"或许会,"查曼说,"也或许,"她又说,脸上带着神秘的微笑,"或许不会。"

"亲爱的,我不指望你会喜欢,"贝克夫人战战兢兢地说,"那一点儿都不好玩,只是,这样做比较善良——"

"你知道我并不善良。"查曼说,她转身上楼回她粉白的卧室,她坐到漂亮的书桌前,望向窗外上诺兰城的屋顶、塔楼、烟囱,又抬头望向远处青青的群山。事实上,这是她期待已久的机会。她厌倦了念那所体面的学校,更厌倦守在这家中,陪着这个把她当作无人能驯服的老虎的母亲,还有禁止她做不好、不安全、不寻常事情的父亲。这是个离家的机会,做些查曼一直想做的事情——就是那一件。就为此,忍受下巫师的屋子也值得,她不知道自己是不是有勇气写下那封信。

很长时间以来,她都完全没有那样的勇气。她坐着,望着堆积在山顶的层层云朵,有白色,有紫色,像胖乎乎的动物,又像纤细的飞龙。她一直望着,直到云朵都化作了弥漫的薄雾,映衬在蔚蓝的天空下。然后她说:"要不现在,要不徒劳。"她接着叹了口气,戴上挂在脖子上的眼镜,取出她的上等钢笔,还有优质书写纸。她用最美的字体写道:

高贵的国王陛下:

自从小时候,我第一次听说您收藏大量的书籍和手稿,我就一直期盼能在您的图书馆中工作。尽管我知道,在您的女儿,尊贵的希尔达公主殿下的帮助下,您亲身进行着长期的、繁重的分类整理皇家图书馆馆藏的工作,我依然期望您能允许我助您一臂之力。鉴于我已到年龄,我希望能申请皇家图书馆管理员助手的职位。但愿高贵的陛下不会认为我的申请太过冒昧。

真诚的,
查曼·贝克
玉米街 12 号
上诺兰城

查曼靠回椅背上,又读了一遍她的信。像这样一封写给老国王的信简直完全是厚颜无"礼",不过她自认她这封倒是不错。其中她还有所迟疑的是这句"我已到年龄",她知道这意思是一个人年满二十一岁(或者至少十八岁),只是她觉得这并非一个严格意义上的谎言。毕竟她并没有说她已到什么年龄。而且,她也没有说她学识渊博,或是十分称职,因为她知道她并不如此。她甚至都没有说她爱书胜过世上其他的一切,尽管这倒完全是真的,她对书籍的热爱是显而易见的。

我相当确信,国王会把信捏成一团,然后扔进火堆里。她这么想,但至少我试过了。

她出门把信寄走,感觉又勇敢又高傲。

第二天早上,森布罗尼婶婶坐着她的马车来接查曼,贝克夫人给查曼装了一整个手提包的衣服,还有一个更大的包里鼓鼓囊囊地装满了肉饼、面包、水果馅饼、派。第二个包既大,又散发着各种强烈的香草、肉汁、奶酪、水果、果酱、调料的气味,以至于马车夫一边驾着马车一边转过身惊讶地嗅了又嗅,就连森布罗尼婶婶华贵的鼻孔也在一张一翕。

"好了,你不会饿死了,孩子。"森布罗尼婶婶说,"起程吧!"

不过马车夫得等贝克夫人拥抱完查曼,她说:"我想我能相信你,亲爱的,你一定又乖又整洁,还很体贴。"

胡说,查曼心想,她一分一毫都不相信我。

接着,查曼的父亲又冲出来匆匆在查曼的脸上轻轻地吻了一吻。"我们知道你不会让我们失望的,查曼。"他说。

又胡说,查曼想,你知道我会的。

"我们会想你的,亲爱的。"她母亲说着,眼泪就快要落下来了。

这或许并不是胡说!查曼有点儿意外地想,尽管我很惊讶他们竟然喜欢我。

"起程!"森布罗尼婶婶厉声说道,于是马车夫开动马车。当马匹在街上安详踱步的时候,她说:"那么,查曼,我知道你的父母都给你最好的东西,你也从来不用自己做任何事情。你准备好做些改变,开始照顾自己了吗?"

"噢,是啊。"查曼真诚地说。

"还有房子和可怜的老人呢?"森布罗尼婶婶继续问。

"我会尽力的。"查曼说。如果她不这么回答的话,她害怕森布罗尼婶婶会掉转车头直接送她回家。

"你受过的教育很好吧,是吗?"森布罗尼婶婶说。

"对,连音乐都学。"查曼承认道,有些不高兴。她很快补充说:"但我一点儿都不擅长,所以,别期望我能演奏柔缓的旋律给威廉叔公听。"

"我不会的，"森布罗尼婶婶回应道，"他是巫师，他可以自己弄出柔缓的旋律。我只是想知道你是不是有良好的魔法学习的背景，你有吗？"

查曼的肚子像是跌落到地底下去了，她感觉脸上的血液也仿佛被一起带走，她不敢承认她连最基本的魔法都不了解。她的父母——尤其是贝克夫人——认为魔法是不好的，而且他们家在城里十分体面的地区，查曼的学校从来不会教任何魔法。如果有人想学任何如此粗俗的东西，就只好去请私人教师。而查曼知道她父母永远不可能付钱让她上这样的课。"呃……"她开口道。

幸好，森布罗尼婶婶只是继续说下去："住在一个充满魔法的屋子里可不是开玩笑的，你懂的吧。"

"噢，我一点儿都不会把这个当开玩笑。"查曼认真地说道。

"很好。"森布罗尼婶婶说道，靠回椅背上坐好。

小马驹踢踏踢踏往前跑。他们穿过了皇室广场，经过了广场另一头隐约可见的皇室宅邸，看到太阳下闪着金黄光芒的屋顶，又接着穿过市集广场，查曼很少得到允许去那里。她企盼地看着一路排列的摊位，还有购物闲聊的人流，在他们进入城里的老区时，她还回望了一眼刚才这个地方。老区的房子既高耸又色彩斑斓，每栋都风格迥异——每一栋的屋顶都似乎要比前一栋的更陡峭，窗户的位置也更加怪异——查曼开始期待，住在威廉叔公的屋子里应该很有趣也说不定。马驹继续向前跑，穿过更脏更穷的老区，又穿过成片的农舍，接着穿出田野和树篱，只见一座绝壁倚靠路边，只有零星的小屋背靠着灌木丛站立着，而高耸的群山离头顶上越来越近。查曼开始觉得他们要走出上诺兰城，一起去到另一个国家。去哪里呢？怪奇吉亚？蒙塔比诺？她真希望自己上地理课的时候更用心些。

就在她这么期盼的时候，马车夫在一片长长的花园背后蜷缩着的一座深灰色小房子前停了下来。查曼透过小小的铁门看了一眼，感觉失望透了，这是她见过的最令人生厌的房子。棕色大门的两侧各有一扇窗，深灰色的屋顶像皱起的眉头耷拉下来，看上去根本没有二楼。

"我们到了！"森布罗尼婶婶兴奋地说道。她下了车，咯吱推开小铁门，径直走到前门。查曼沮丧地跟着她，而马夫提着查曼的两个行李包走在她们后面。路两旁的花园似乎长满了绣球花丛，有蓝的，有青的，有淡紫的。

"我想你不用照看花园。"森布罗尼婶婶轻率地说。我但愿不用！查曼心想。"我相当确信威廉雇了一个园丁。"森布罗尼婶婶说。

"但愿他有。"查曼说。她最了解的花园也就是贝克家的后院，那里有一棵大桑树，还有一片玫瑰丛，再加上花盆箱里种着母亲的四季豆。她知道植物的下面有土，还有土里有虫，她抖了一下。

森布罗尼婶婶敏捷地敲了敲棕色大门上的门环，然后推门进屋，大叫道："嗨呀！我替你把查曼接来了！"

"太谢谢了。"威廉叔公说。

前门径直通向一间古老的客厅，威廉叔公正坐在里面一张古老的深灰色靠椅上。他旁边有一个大皮箱，仿佛他已经整装待发。"很高兴认识你,我的小可爱。"他对查曼说。

"您好,先生。"查曼礼貌地回答。

他们俩还来不及说别的话,森布罗尼婶婶就开口说道:"好了,那么,我会想你的,先走了,把她的包就放在那里。"她对马夫说。马夫顺从地把包丢在门口,就走开了。森布罗尼婶婶跟在后面,昂贵的丝缎衣服发出咝咝声,走的时候喊道:"再见啦,你们俩!"

大门砰的一声关上,留下查曼和威廉叔公面面相觑。

威廉叔公很矮小,近乎秃头,圆圆的脑袋上只剩下几绺优雅的银发。他弯腰驼背僵硬地坐着,让查曼觉得他很痛苦。她很奇怪地发现自己对他感到同情,但她还是希望他不要那么目不转睛地盯着她看,这让她感到不安。他的下眼睑在他疲惫的蓝眼睛下低垂着,露出鲜红的眼肉,像流着血,查曼讨厌血,就像她讨厌蚯蚓。

"嗯,你看起来很高,像是很能干的姑娘。"威廉叔公说道,他的声音疲惫而温和,"红色的头发是很好的征兆,在我看来,非常好。你觉得我不在的时候你能应付吗?这地方有点儿乱,我担心。"

"我想可以。"查曼说,这间古老的屋子在她看来似乎挺整齐,"你能告诉我一些我该做的事情吗?"尽管我希望我不会在这里待太久,她心想,一旦国王给我回信……

"至于这个,"威廉叔公说,"平常的家务,显然的,不过有魔法。通常,它们大多数是有魔力的,因为我不了解你达到的魔法等级,我进行了几步——"

太恐怖了！查曼心想，他觉得我会魔法！

她想打断威廉叔公，向他解释，不过此时他们都被打断了。前门哐当一声打开，一列高高的精灵静静地鱼贯而入。他们都穿着医生的白大褂，但美丽的面孔上毫无表情。查曼凝望着他们，他们的美貌，他们的高度，他们的不偏不倚，最重要的是，他们的完全静默，让她彻底胆怯。其中一个轻轻地把她挪到一边，于是她就站在那里，感觉自己又笨拙又手足无措，其他精灵围到威廉叔公周围，炫目而白皙的脑袋俯向他的身前。查曼不知道他们在做什么，但随即威廉叔公就穿上了白袍，他们把他从椅子上抬起。有三个看上去像是红苹果的东西黏在他头上，查曼看见他已经睡着了。

"呃……你们不打算拿他的手提箱吗？"她看着他们把他带向门口，说道。

"不需要。"一个精灵说，同时开着门方便其他的精灵带威廉叔公出去。

随后，他们一起通过花园的小径。查曼冲到开着的门口，在他们背后叫道："他要去多久？"仿佛忽然很急迫地要知道她要留下来照看这里多久。

"去多久是多久。"另一只精灵回答。

接着，他们在到达花园门口前便全部消失了。

第二章

查曼探寻小屋

查曼望着空空的走道待了一会儿,随后砰的一声关上大门。"现在做什么呢?"她对着空荡的老房间问道。

"你恐怕要打扫一下厨房,我的小可爱。"威廉叔公疲惫但慈祥的声音从空气中传来,"抱歉我留了那么多衣服给你洗,请打开我的手提箱找更详细的说明。"

查曼向手提箱投去目光,原来威廉叔公是故意留下它来的。"等等,"她冲着箱子说,"我自己的包裹还没有打开呢。"她拿起自己的两个行李包,提着走向唯一的另一扇门。门在房间的后面,查曼努力用提着食物包的手去开门,接着尝试用一只手提着两个包,再用另一只手开,最后不得不把两个包放地上,用双手开门,结果发现那里通向厨房。

她愣了一会儿,然后拖着她的两个包转到门另一边,随着门关上,她又愣了一会儿。

"什么乱七八糟的!"她说。

这应该是一个舒适、宽敞的厨房,有一扇大窗户朝向群山,阳光从外面暖暖地倾泻到屋里。遗憾的是,阳光只是照亮了水槽里、沥水板还有水槽边的地上堆积如山的盘子、杯子。阳光继续往前照射——查曼惊愕的双眼也随着看去——一束金光照着靠着水池边的两大袋衣物包,里面塞满了脏衣服,威廉叔公干脆拿来当作放脏的炖锅和炸锅之类的架子。

查曼的眼光从那里移到了房间中央的桌上。威廉叔公似乎在这里放了三十来个小茶壶,还有差不多数量的牛奶罐——先不提那几个曾经装过肉汤的。桌子上确实很整齐,查曼心想,只是又挤又不干净。

"我想你真的是病了。"查曼对着空气委屈地说道。

这次没有回应。她小心翼翼地回到水槽边,感觉少了什么东西。她想了一会儿才发现没有水龙头。或许,这间屋子离城里太远了,没有水管。她望向窗外,看到外面有一个小小的庭院,中间有一个水泵。

"那么我该去抽一些水带回来,再然后呢?"查曼问道。她看着黑黑的、空空如也的火炉。现在可是夏天,所以通常不会有火,她也没有看到什么可以燃烧的东西。"我要烧水?"她说,"用脏兮兮的炖锅烧,我猜。再想想,我要怎么洗?我不能洗澡了吗?他没有任何卧室,或者盥洗室吗?"

她冲到火炉另一边的小门前,拉开门。威廉叔公家的门似乎都要十个人的力气才能打开,她气呼呼地想着。她几乎能感到有魔法的力量在让这些门保持关着。她发现自己看到了一间储粮室。架子上没什么东西,除了一小罐黄油和一块看上去已经发霉的面包,还有一个大包上面贴着难懂的标签"CIBIS CANINICUS",包里似乎装满了肥皂片。房间后面又堆着两大袋衣物包,满得和厨房里的一样。

"我要尖叫,"查曼说,"森布罗尼婶婶怎么能这样对我!妈妈怎么能听任她这么做?"

在这种绝望的时刻,查曼能想到的只有她受挫时常做的事情:把自己埋进书里。她拖着两个手提包走到拥挤的桌子边,在两把椅子中的一把上坐下。她打开行李包,拿出眼镜戴到鼻子上,然后在衣服堆里急切地翻找她让母亲打包进去的书。

她的双手只摸到了软软的东西。唯一硬的是一块大肥皂,和其他洗漱用品放在一起。查曼把包拎到空着的炉床边,翻得更仔细些。"不可思议啊!"她说,"妈妈一定是先把书放进去的,在最底下。"她把包翻了个底朝天,把所有东西都倒在了地上。掉出来的有一大堆折叠整齐的短裙、长裙、袜子、衬衫、两件针织外衣、花边衬裙,另外还有足够穿一年的内衣,这些最上面的是她的新拖鞋。完了,那个包就干瘪得空空如也了。查曼依然摸遍了包里的每个角落,才把它扔到一边。她任由眼镜滑落,垂在挂绳底下,不知道自己该不该哭,贝克夫人居然忘记把书打包进去了。

"好吧,"查曼眨了眨眼,咽了咽口水说,"我想我以前从来没有真正离开过家。下次不管去哪里,我都要自己打包,把书装进去,现在我只好苦中作乐了。"

她便苦中作乐,把另一个包举到拥挤的桌子上,推开其他东西给它腾地方,这让四个牛奶罐和一个茶壶被挤到了地上。"我才不管呢！"查曼看到它们落下时说。好在让她松一口气的是，牛奶罐是空的，只是在地上弹了一下；茶壶也没有摔碎，只是躺在一边，茶水都倒在了地上。"这或许是魔法好的一面。"查曼说，闷闷不乐地翻出包里最上面的馅饼来。她把裙摆全部塞在两膝之间，手肘架在桌子上，大大地、舒心地咬了一口美味的馅饼。

有什么凉凉的、蠕动的东西碰了下她露出的右腿。

查曼呆住了，口里的馅饼都不敢再嚼，这厨房里真的满是巨大的有魔力的鼻涕虫啊！她想。

这个凉凉的东西又碰到了她腿的其他地方，触碰的时候还发出轻轻的呜咽声。

慢慢地，查曼拉开裙摆和桌布往下看。桌子下面坐着一只非常小的乱蓬蓬的白狗，抬头可怜兮兮地凝望着她，全身都在颤抖。当他发现查曼低头看他的时候，他翘起了两只残缺的不太对称的白色耳朵，用纤细的短尾巴拍打着地面，然后又发出轻轻的呜咽声。

"你是谁？"查曼说，"没人跟我提起过有狗。"

威廉叔公的声音再次从空中传来。"他叫瓦伊夫，对他好一些，他是我捡来的流浪狗，好像什么都怕。"

查曼从来没有真正了解狗。她的母亲说它们很脏，会咬人，从来不让家里养狗，因此，查曼遇到狗总是十分紧张。但这只狗太小了，看上去很白，很干净。而且看起来他害怕查曼还要胜过查曼害怕他——他的全身一直在抖动。

"噢，请不要再抖了，"查曼说，"我不会伤害你的。"

瓦伊夫还是继续颤抖，依然可怜兮兮地看着她。

查曼叹了口气。她掰下一大块馅饼，拿下去给瓦伊夫。"来，"她说，"这给你，好歹你不是只鼻涕虫。"

瓦伊夫闪亮的黑鼻子对着馅饼微微抽动。他抬头望着她，想确定这真的是她的意思，然后才慢慢地、有礼貌地把馅饼衔进嘴里开始吃。接着他又抬头望着查曼想再要一块，查曼对他的礼貌感到着迷。她又掰下一块，然后又是一块。最后，他们对半分了馅饼。

"好了，"查曼说，她抖落裙子上的碎屑，"我们要慢慢吃这一大袋东西，这屋里好像没有其他吃的，现在告诉我接下来做什么，瓦伊夫。"

瓦伊夫迅速地快步跑到像是后门的地方，他立在那里摇晃着小尾巴，又轻轻发出呜咽声。查曼打开门——和另两扇一样难开——跟着瓦伊夫走进后院，心想她应该去抽水，再拎去水槽。但瓦伊夫跑过了水泵，跑到了角落里看起来已经脱皮的苹果树下，抬起一条很短的小腿，在树下撒了泡尿。

"知道了，"查曼说，"那是你要做的事情，不是我。而且，看上去你这么做对树不太好，瓦伊夫。"

瓦伊夫望了她一眼，开始在花园里来回奔跑，东闻闻西嗅嗅，又在草丛中抬起一条腿，查曼看得出他在花园里感觉很安心。再想想，其实她也有一样的感觉，有一种暖暖的、安定的感觉，仿佛威廉叔公在四周设下了魔法来保护。她站在水泵边，望着栅栏另一边陡峭起伏的群山。一股清风从高处吹来，带着一股白雪和鲜花的气息，这让查曼不禁想到了精灵们。她不知道他们是不是带威廉叔公去了那里。

他们最好快点送他回来,她想,在这里待超过一天我会疯掉!

屋子旁边的角落里有一个小茅屋。查曼走过去看了下,喃喃地说:"大概是铁锹,还有花盆之类的。"但等她使劲拉开厚重的大门,她发现里面有一个巨大的铜质水槽,一个衣服绞干机,水槽下还有一个生火的地方。她望着这一切,就像望着博物馆里的奇怪展览,她望了一会儿,直到她想起她自己家后院也有一个类似的小屋。那对她来说也是个同样神秘的地方,因为她一直都被禁止进去,但她还是知道,每周一次,一个双手发红、脸色发紫的洗衣妇会来,把小屋搞得蒸汽腾腾,衣服不知怎么就变干净了。

啊,洗衣房,她想。我应该把那些衣服包放进水槽里,把它们煮开。但怎么弄呢?我开始觉得我过的生活太衣食无忧了。

"不过也是件好事。"她大声说,想着洗衣妇通红的双手和泛紫的面容。

她为瓦伊夫留着门,自己走回内屋,她走过水槽、衣物包、拥挤的桌子,还有自己的一堆东西,拉开远处墙上的门。外面又是那间古老的客厅。

"真绝望啊!"她说,"卧室在哪儿?盥洗室在哪儿?"

威廉叔公疲惫的声音从空中传来:"卧室和盥洗室,你打开厨房门后立刻左转就是,亲爱的,请原谅我的杂乱。"

查曼回头望向敞开着门的厨房。"哦,真的吗?"她说,"好吧,去看看。"她小心地走进厨房,关上门,然后又拉开,也像她开始时想的那样用很大的力,然后迅速左转走进了门框里,她都还没来得及想这是不是一件不可能的事情。

她发现自己站在一条走廊上,远处尽头有一扇打开的窗户,窗外吹进来的微风充满了山上白雪和鲜花的气息。查曼吃惊地扫了一眼青葱的草地斜坡和蔚蓝的远方,同时用膝盖顶着最近的门,忙着旋转把手。

这扇门很容易开,仿佛经常打开。查曼跌跌撞撞地走进去,一股气味扑鼻而来,这让她立刻忘了窗外的气息。她环顾四周,站在那里抬着鼻子,高兴地闻着,那是旧书古老但却芬芳的气息。有上百本图书整齐地排放在铺满四面墙的书架上,叠放在书桌上,连地上也堆满了。大多是皮封面的旧书,不过地上有些彩色封皮的看起来要新点儿。这显然是威廉叔公的书房。

"噢!"查曼叫道。

她不管窗外前院的绣球花,一头栽进书桌上的书里。这些又大又厚、气味芬芳的书,有些还有金属的扣环可以把书扣上,仿佛打开它们是很危险的。查曼已经把离她最近的一本书拿在了手上,才注意到桌上平摊着一张纸,上面都是颤抖的字迹。

"我亲爱的查曼。"她读道,接着坐回书桌前椅子的靠垫上读了下去。

我亲爱的查曼:

　　谢谢你如此好心地同意在我外出期间来照看房子。精灵们告诉我,我大约要离开两周时间。(感谢上帝!查曼心想。)也或者可能要一个月,如果还有什么并发症的话。(噢。)请一定要谅解这里的杂乱。我已经病痛了相当一段时间。但我相信你是个聪明能干的姑娘，很快就能适应这里。我在可能有必要的地方都留下了口头的指导，万一遇到困难，你只要大声说出你的问题，应该就能得到回答。更复杂的事情，你能在手提箱里找到解答。请对瓦伊夫友好些，他和我在一起还不久，没有安全感。也请不用拘束，欢迎随便翻阅书房里的任何书，除了在书桌上的这些，对你来说大多都太强大、太高深了。（哼，好像我在乎一样！查曼心想。）同时，我希望你在这里住得开心，希望很快能回来亲自对你表达谢意。

深情的曾外叔公，
威廉·诺兰

"他是'外'叔公，"查曼大声说，"他一定是森布罗尼婶婶的叔公，嗯，而她又嫁给了奈德叔叔，也就是爸爸的叔叔，只是他已经死了，太遗憾了。我开始希望我能继承一些他的魔法呢。"然后，她对着空中礼貌地说："非常感谢，威廉叔公。"

没有回应。查曼想：好吧，不会有的，这不是个问题。于是，她开始钻研起桌上的书来。

她手里拿的这本厚厚的书叫作《空无之书》。毫无意外地，她打开后，每一页都是空白的。但她能感觉到，在她的指尖下，每一张空空的纸页都在看不见的魔力下低声细语、悸动。她很快放了下来，又拿起一本，叫作《沃尔星卜术指南》。这本有点儿令人失望，里面基本都是一行行黑点组成的图形,加上很多小红方块在黑线上以不同的样式散开,但没什么可看的。尽管如此,查曼看的时间还是比她预料得久。这些图形一定有某些催眠作用。但最后,感到些许痛苦的她还是把这本书放了下来,转身拿起另一本《高级种子魔法》。这完全不是她喜欢的类型,密密麻麻地印着冗长的段落,开头几乎都是:"如果我们根据我以前作品中的研究结果进行预测,我们应该准备好着手扩展异型现象学……"

不,查曼心想,我不觉得我们准备好了。

她把这本也放下,又抱起桌角上笨重的正方形的书。书名是《魔法书》,似乎是外语写的。可能是英格里国人们说的语言,查曼这么觉得。但最有趣的是,这本书一直被当作镇纸压在一堆信上,信来自世界各地。查曼好奇地花了很长时间看完了信,对威廉叔公越来越感兴趣,几乎所有的信都是别的巫师写来想请教威廉叔公关于魔法的细节——显然,他们认为他是伟大的行家——或者是祝贺他最新的魔法发现。每一封的字迹都很可怕,查曼皱着眉头怒目看着它们,把其中最烂的一封拿到灯光下。

亲爱的诺兰巫师(这么写着,至少她看起来是这样):

您的著作《关键咒语》对我的空间(还是"空闲"?查曼在想)理论帮助很大,不过我想请您关注下我的一个小发现,它和您的"默多克耳朵"("默写耳朵?""默多克耽?"我不管了!查曼心想)这一章节有关。下次我去上诺兰城的时候,或许我们能谈谈?

迷入的（迷伽？迷人的？上帝啊！这写的什么！查曼心想），

哈尔·潘德拉贡巫师

"天哪，天哪！他一定是用拨火棍写的！"查曼大声地说道，同时拿起另一封信。

这封来自国王本人，字迹尽管有些抖，有些老派，但要易读得多。

亲爱的威廉（查曼一边读着，一边心生敬畏与惊讶）：

我们的伟大工作已经进程过半，迄今还一无所获，我们需要您。我们诚挚地希望我们派去的精灵能成功使您恢复健康，但愿我们很快能再次得到您的建议和鼓励，承蒙您难以估量的恩惠，我们最真诚的祈愿与您同在。

诚心祝愿，

上诺兰国王阿道夫·雷克斯

原来是国王派来的那些精灵！"原来如此，原来如此。"查曼自言自语道，看完最后一堆书信，每封信都是用各种各样却是各自最好的字迹写成的。它们似乎都在用不同的方式说着同一件事："拜托您，诺兰巫师，我想成为您的徒弟，您会收下我吗？"有些人甚至要给威廉叔公钱。其中一个说，他可以给威廉叔公一个魔法钻戒。还有另一个，似乎是个女孩，卑微地说："我不是很漂亮，但我的姐姐很漂亮，她说，如果您愿意教我，她可以嫁给您。"

查曼有些退缩，匆匆翻完了剩下的信。这让她想起自己给国王的信，其实一样毫无用处。她知道，这些显然是那种身为一个有名的巫师会立刻回复说"不"的来信。她把这些都塞回到《魔法书》下面，继续看桌上其他的书。书桌的后面有一整排又高又厚的书，都标着《魔法术》，她觉得她以后会看。她又随手拿起另两本书。一本叫《彭斯特梦夫人之路——真理的路标》，她感觉像是没用的说教。另一本，她打开金属扣环，翻开第一页，发现叫作《羊皮纸书》。查曼翻到后几页的时候，她发现每一页都写着一条新咒语——一条清楚的咒语，有标题说明它的作用，下面还有一份材料列表，随后是分步告诉你做什么。

"这才像个样！"查曼说着便坐下开始读起来。

过了很久，她正想着哪条更有用，"分辨朋友和敌人的咒语"还是"开阔心胸的咒语"，或者也许是"飞行的咒语"，查曼忽然想到她急需一间盥洗室。她经常是在沉醉读书的时候想起这样的事。她站起身，两腿的膝盖挤在一起，想起来盥洗室是她还没找到的地方。

"噢，要怎么从这里找到盥洗室？"她大喊着。

令人安心的是，威廉叔公慈祥、微弱的声音立即从空中飘来："走廊左转，我的小可爱，盥洗室就在右边的第一扇门。"

"感谢您！"查曼大喘着气跑去。

第三章

查曼同时念几条咒语

盥洗室就和威廉叔公慈祥的声音一样让人安心。地板是磨旧了的绿岩，墙上一扇小小的窗户，一条绿色的网状窗帘在上面飘动。盥洗室里的设备也都和查曼在家时的一样。不过家里的总是最好的，她心想。好的是，有水龙头和抽水马桶。而且，浴缸和水龙头都很奇怪，形状有点儿像球茎，安装的人像是不怎么知道自己在装什么。不过，当查曼试着打开水龙头的时候，里面还是正常地流出了冷水和热水。镜子下的横杠上也挂着毛巾。

也许我可以把那些脏衣服放在浴缸里，查曼想了想，可我要怎么绞干呢？盥洗室的走廊对面是一排门，一直延伸到昏暗的深处。查曼走到最近的一扇前，推开了门，以为那里通往客厅。但那里面却是一间小卧室，从里面的混乱程度来判断，显然是威廉叔公的。白色的床罩从没铺好的床上耷拉下来，盖在地上散落四处的条纹睡衣上。衬衫悬在抽屉外面，还有袜子和看上去像是长袖内衣的东西，敞开的壁橱里挂着一件闻起来已经发霉的类似制服的衣裳，窗下又是塞满的两大袋要洗的衣服。

查曼大声地呻吟起来。"我想他真病了很久，"她说着，想宽容一些，"不过，珍珠之母啊，为什么我要来收拾这一切？"

床开始抽动。

查曼跳转过去对着床。抽动的是瓦伊夫，他舒服地蜷缩在一堆床单被罩下面，扑腾着抓一只跳蚤。他发现查曼看着自己的时候，摇了摇他细弱的尾巴，趴下来，耷拉下残缺的耳朵，朝她轻轻地发出委屈的呜咽声。

"你不该在这里的，不是吗？"她对他说，"好了，看来你很舒服——我可无论如何绝不会睡到这张床上。"

她走出房间，打开旁边一扇门。她松了一口气，眼前是一间和威廉叔公差不多一样的卧房，不过这间很整齐。床很干净，铺得很整齐，壁橱也关着，她又看了下，抽屉也是空的。查曼朝着房间满意地点点头，又打开了走廊的下一扇门。那是另一间整齐的卧室，之后的，每间都完全一样。

我最好把我的东西扔在我那间附近，不然我就再也找不到它了，她想。

她转身回到走廊，发现瓦伊夫已经下了床，正在用两只前爪挠着盥洗室的门。"你不会想要进去的，"查曼告诉他，"里面没什么对你有用的东西。"

不过在查曼走到那里前，门已经开了，门后是厨房。瓦伊夫兴高采烈地冲进去，而查曼又发出了呻吟声，乱七八糟的东西都没消失。肮脏的餐具和衣物包都在，还多了一个倒在茶水潭里的茶壶，查曼的衣服堆在桌子边，火炉里躺着一块绿色的大肥皂。

"真想把这些全部忘记。"查曼说。

瓦伊夫把两只小脚爪放在椅子下面的横档上,挺直了小小的身躯,像是央求着。

"你又饿了,"查曼这么判断,"我也是。"

她坐到椅子上,瓦伊夫坐到她的左脚上,他们一起吃掉了一块馅饼,然后又一起吃掉了一个水果派、两个甜甜圈、六块巧克力饼干、一块奶油馅饼。随后,瓦伊夫拖着沉重的脚步走到里面的门前,抓了几下门就开了。查曼收拾起衣服,跟着他进去,想把自己的东西放进第一间空着的卧室里。

不过情况有些不对。查曼用手肘推开门,很自然地右转到走廊去卧室,她发现自己在完全的黑暗中。随即她走入了另一个门洞,手肘咣当一下撞到了门把。

"哎哟!"她叫道,摸索着门把,打开门。

门庄重地朝里打开。查曼走进了一间大屋子,屋子在周围一圈拱形窗户的包围下被照得亮堂堂的,她感觉自己闻到了一股潮湿的、闷塞的、皮革般的、尘封的气味。这个气味似乎来自雕琢精细的扶手椅上古老的皮革坐垫,椅子环绕在一张同样雕刻精细、占了屋子大部分空间的桌子周围。每张椅子前的桌面上都放着一个皮垫子,垫子上放着一张老到泛黄的吸墨纸,只有另一头的那张大椅子的桌前放着一根粗粗短短的棍子,而不是皮垫。这张椅子的扶手上刻着"上诺兰"。这一切,椅子、桌子、垫子,都盖着一层灰尘,好几扇窗户的角落里都结着蜘蛛网。

查曼瞪大了眼。"这是餐厅,还是哪里?"她说,"从这里要怎么去卧室?"

威廉叔公的声音响了起来,听起来很弱很远。"你来到了会议厅,"声音说,"如果你到了这里,你一定迷路了,我的小可爱,要听仔细了,顺时针转过身,然后,还是朝顺时针方向,只用你的左手开门。走过去,让门在你背后关上,然后朝左边横着走两大步,这样就能回到盥洗室边上。"

但愿可以吧!查曼心想,尽量遵循着这些指令。

一切很顺利,除了门从身后关上的黑暗片刻,查曼感觉自己看到了一个完全陌生的石壁走廊。一个驼背的老人在里面推着小车,小车上面装着冒热气的银水壶、陶罐、碰得叮当作响的碗碟,还有像是一叠热煎饼的东西。她眨了眨眼,觉得这不太好,不管是对自己还是对老人,还是不要叫他,于是她只是朝左边迈了两大步。还好,让她放松的是,她站在了盥洗室边上,在那就能看见瓦伊夫绕着威廉叔公的床转啊转的,似乎感觉很舒服。

"呼!"查曼叫了声,走过去把衣服倒在了旁边那间卧室的衣柜上。

随后,她沿着走廊走到尽头开着的窗户边,望了会儿阳光下倾斜的草坪,闻了闻窗外吹来的新鲜却寒冷的空气。人很容易就能从这里爬出去,她想,或者是爬进来。但她并不是真的在看草坪,也没有想着新鲜空气。她的思绪一直和威廉叔公桌上那本诱人的咒语书在一起。她还从来没有像这样放开手脚接触魔法,这很难抗拒。我要随便翻开一页,然后使用我看到的

第一条咒语，她想，就一条。

书房里，《羊皮纸书》不知怎么地正翻在"为自己找一位英俊王子的咒语"那页。"谁要王子？"她自言自语，然后小心翼翼地翻到另一处，这页的标题是"飞行的咒语"。"噢，棒！"查曼叫道，"这更像样！"她戴上眼镜，研究起材料列表。

"一页纸，一支羽毛笔（容易，桌上都有），一只鸡蛋（厨房里？），两片花瓣——一片粉色、另一片蓝色，六滴水（盥洗室），一根红头发，一根白头发，两粒珍珠纽扣。"

"毫无问题。"查曼说。她摘下眼镜，迅速去收集材料。她冲到厨房——打开盥洗室门，左转，兴奋地发现她做对了——然后朝空中提问："哪里能找到鸡蛋？"

威廉叔公温和的声音回答道："鸡蛋在储粮室的一个罐子里，亲爱的，我想是在衣物包的后面，我真的很抱歉给你留下这么个烂摊子。"

查曼走进储粮室，翻过衣物包，找到了一个旧的烤馅饼碟，里面有半打棕壳鸡蛋，她小心地拿了一个回书房。因为她的眼镜现在悬在挂绳上，她没有注意到《羊皮纸书》现在翻到了"找到秘密宝藏的咒语"。她冲到书房窗户边，刚好能够到窗外的绣球花丛的花瓣，一半粉一半蓝的那种。她把这些放在鸡蛋边，冲去盥洗室，用刷牙杯收集了六滴水。回来的时候，她经过走道，发现瓦伊夫正在威廉叔公的毛毯上卷得像一个蛋卷。

"对不起。"查曼对他说,手指伸到他乱蓬蓬的白色背上。她带走了不少白毛发,放了一根在花瓣边,又从自己头上取了一根红头发。至于珍珠纽扣,她从自己衬衫的前襟上取了两粒下来。

"好了。"她说,戴上眼镜急切地又开始看说明。《羊皮纸书》正翻在"保护自己的咒语"这一页,但查曼太兴奋了,没注意到。她只是看说明,一共分五步。第一步说:"除了羽毛笔和纸,其他材料都放进一个合适的碗中。"

查曼摘下眼镜在房间四处巡视有没有合适的碗后,不得不再跑去厨房。她走开的时候,《羊皮纸书》慢慢地,偷偷地,又翻过了几页。查曼拿着一个沾着糖的碗回来,她刚把所有的糖都倒在了一个不太脏的盘子上。此时,《羊皮纸书》正翻在"增加魔力的咒语"这页,查曼并没注意到。她把碗放到桌上,放进鸡蛋,又放进两片花瓣、两根头发、两粒纽扣,再小心地滴上水。随后,她又带上眼镜,趴到书上看接下来的步骤。此时,《羊皮纸书》正展开在"隐形咒语"那一页,不过查曼只盯着下面的说明看,并没有发现。

第二步要求她"将所有的材料混合在一起捣烂,只能用笔"。

要把鸡蛋和羽毛一起捣烂并不容易,不过查曼还是很努力地要办到,她用笔的尖端不断重复戳着,直到蛋壳碎裂成一片一片,她用力地搅拌,以至于一头红发都垂到了脸上,然而,混合似乎还不够均匀,她只好用羽毛那一端开始搅拌。最后,她终于站了起来,一边喘气一边用黏糊糊的手指拨开散落的头发。《羊皮纸书》又翻到了另一页,现在展开的是"生火的咒语"，不过查曼正留意着别把鸡蛋弄到眼镜上，所以又没察觉。她戴上眼镜，开始看第三步。这个咒语的第三步是："念诵三遍'高达至上'。"

"高达至上。"查曼于是对着碗念诵着。她也不是很有把握，但念到第三遍时，她感觉蛋壳的碎片在珍珠纽扣旁边动了一下。我觉得咒语有效！她心想。她又把眼镜戴回鼻梁上，看起了第四步。此时，她看到的第四步来自"任意弯曲物体的咒语"。

"拿起羽毛笔，"其中写道，"用准备好的混合液体，在纸上写下'伊尔夫'这个词，并在周围画一个五边形。要注意的是，写的过程中不能接触到纸。"

查曼拿起湿答答、黏糊糊的羽毛笔，按要求，沾上蛋壳和一片粉红花瓣。这个混合液体并不方便用来书写，要让纸保持平整似乎也很难，总是不断滑来滑去。查曼沾上液体在上面写完后发现，那个本应组成"伊尔夫"的笔画粘连着，字迹模糊扭曲，看起来更像是"胡夫"；碗里的红头发沾到了笔上，在那个词上留下了奇怪的圆环；至于那个五边形，查曼在画的时候，纸滑到了一边，至多能说这个图形有五条边吧。结果，这就成了一个粘着蛋黄的不吉利的黄色图形，一个角上还沾着狗毛。

查曼舒了一口气，用已经很黏的手整理了下头发，开始看最后一步，第五步。她看到的是"让愿望成真的咒语"，但因为慌乱，她又没注意。咒语说："把羽毛放回碗里，拍三下手，念'泰克斯'。"

"泰克斯！"查曼念道，用力地拍打着黏糊糊的双手。

很明显,有东西起作用了。纸、碗、羽毛笔都消失了,默默地、全然地消失了,滴在威廉叔公桌上的黏稠液体也一同不见了。《羊皮纸书》啪的一声自行合上,查曼后退几步,抖了抖手上的碎屑,感觉累极了,却又很放松。

"那我应该能飞了吧,"她自顾自想着,"不知道什么地方最适合让我去试一试。"

答案很显然。查曼走出书房,来到走廊尽头,敞开的窗户外是诱人的青青草地。窗台很低,很容易翻越。片刻,查曼就来到了草地上,夕阳下,她呼吸着冷冷的、清新的山间空气。

她就站在山上,俯视着眼下整个上诺兰城,暮色早已笼罩下来。在她的对面,落山的太阳染出一片橘黄,而仿佛不远处便是分隔着她的国家和怪奇吉亚、蒙塔比诺以及其他国家的雪山山顶。她的身后,更多的山峰之上聚集着乌云,被夕阳映染成一片血红,呈现一派凶兆。这里很快就要下雨,上诺兰城常常下雨,只是此刻依旧温暖平和。有羊群在石堆后面的草地上吃着草,查曼还听到不远处的牛群哞哞的叫声以及它们脖子上的铃铛摇晃的声响。她朝那个方向望去,却惊奇地发现传来牛群叫声的草地在她的上方,而威廉叔公的房子和她爬出来的那个窗口全不见了踪影。

查曼并没有因此而担忧,她从来没有到过那么高的山上,此刻正为眼前的美丽景色而惊讶。她脚下的这片草地比她在镇上见过的任何草地都更加青翠,还有阵阵新鲜的清香扑鼻而来。这气息,她凑近了仔细一看,才发现是来自草地间生长的一丛又一丛美丽的小花。

"噢,威廉叔公,你运气太好了!"她大叫着,"书房边上就是这样的仙境实在太美妙了!"

她满怀喜悦地四处游荡了好一会儿,避开正在花间忙碌着的蜜蜂们,亲自收集齐了一束花,每种各一朵。有一朵绯红的小郁金香,还有一朵白色的,一朵金灿灿的,一朵淡雅的樱草花,一朵淡紫色的风信子,一朵蓝色的高杯花,一朵橘色的兰花,还从粉色、白色和黄色的花丛中各摘了一朵。不过,最让她着迷的还是蓝色的小喇叭花,比她能想象到的任何蓝色都更加通透。查曼觉得这应该是龙胆花,便摘了好几朵。它们那么小,那么完美,蓝得那么清澈。她在草地上越走越远,她看到一处像是能下去的地方。她想着,或许可以从这里跳下去,看看那个咒语是不是真的能让她飞起来。

走到那里时,她发现自己手上的花已经多到拿不下了。岩石边又有六种新的品种,但她也只好由它们去了。不过她很快忘记了那些花朵,开始凝视着眼前的景象。

草地的尽头是足有半山高的悬崖。在她下方的深处,就在小路边,她看到了威廉叔公的房子像个小小的灰色盒子躺在脏兮兮的花园中。她还看到了其他的房子,一样远远地散落在小路的尽头,屋里闪着橙色的微光。它们离得那么远,让查曼倒抽一口气,膝盖也有些颤抖。

"我想我还是暂时放弃练习飞行的念头吧!"她说。可我要怎么下去呢?一个想法弱弱地冒了出来。

别想那些了,另一个想法坚定地回答道,就尽情享受眼前的景色吧。

在高处,她可以看到上诺兰城的大部分地区。威廉叔公的房子身后,山谷渐渐变得狭窄,山峰间郁郁葱葱,还能看见雪白的瀑布,从那里便能通向蒙塔比诺。在草地所在的这个山脊的另一边,小路一直通向蜿蜒的河流,路与河共同蔓延进了上诺兰城高低起伏的房屋、塔楼之中。那里的灯光也亮了起来,不过查曼还是可以辨认出皇室宅邸著名的金顶所发出的微弱光芒,还有在那上面飘扬的旗帜,她甚至认为自己还能辨认出她父母的房子,这些似乎都并不遥远。查曼于是惊讶地发现,威廉叔公住的地方也只是刚出小镇而已。

在小镇的后面,山谷又一次打开。那里更加明亮,没有了山的阴影,远处的微光仿佛也星星点点散布着橙色的光芒。查曼能看到高大的快乐城堡,皇冠王子就住在里面,她还看到另一所城堡,但不知道名字。这座城堡又高又暗,还有黑烟从一座塔楼里飘出来。城堡后面,土地一直延伸到蔚蓝的远方,便是农场、村庄和各式产业所在,那里是这个国家的腹地。查曼还能看到远处的大海,雾气腾腾,有些模糊。

我们的国家并不大,是吧?她心想着。

但她的思绪很快被手上花束里传出的嗡嗡声打断。她举起花束想看清楚是什么发出的声音。在山上的这片草地,阳光依旧灿烂,查曼足以看清其中一朵蓝色的喇叭形龙胆花在摇晃、颤动,发出嗡嗡的声响,她一定是不小心摘了一朵有蜜蜂的花。查曼把花倒过来,不断摇晃,有个紫色的东西掉了出来,落到她脚边的草地里。它看上去不太像蜜蜂,也没有像蜜蜂一样飞走,而是坐在草丛中继续嗡嗡作响。它一边发出声响,一边渐渐变大。查曼紧张地后退几步,还站在悬崖的边上。它已经变得比瓦伊夫还大,但还在继续长大。

我不喜欢它,她心想。这是什么?

她还来不及动——甚至来不及想——那个生物就又嗖地一下蹿到了两人高。深紫色,有人的形状,但并不是人。后背长着一对小小的透明的紫色翅膀,不停呼扇着发出飕飕的声响,而它的脸——查曼赶紧别过脸去。它的脸很像昆虫,有触须和触角,两只眼睛是凸出的,里面起码还有十六只小眼睛。

"噢,天啊!"查曼悄悄地说,"我想它是卢博克!"

"我就是卢博克,"那个生物说,它的声音像是在嗡嗡又像是在吠叫,"我是卢博克,是这片土地的主人。"

查曼听说过卢博克。学校里大家悄悄讨论过卢博克,说它们都很不讨人喜欢。大家说,唯一该做的事情就是要对它们礼貌,然后希望能平安离开,不要被弄伤或是被吃掉。"非常抱歉,"查曼说,"我不知道我闯入了你的草地。"

"不管你去哪里你都是在侵犯我的土地,"卢博克继续吠叫着,"你能看到的土地都是我的。"

"什么?整个上诺兰?"查曼说道,"别胡说了!"

"我从来不胡说。"那个生物说,"所有的都是我的,你也是我的。"它的翅膀又在嗡嗡作响。它开始慢慢向她靠近,迈着它那双奇怪的、僵硬的双脚。"我很快就会要回属于我的东西,首先,我就要把你要回来。"它边说边嗡嗡地朝着查曼扑过来,展开双臂,脸下面还长出尖尖的刺。查曼惊叫着,迅速躲开,摔下了悬崖,花束也随着她的跌坠而散落。

第四章

罗洛、彼得登场,以及瓦伊夫的神秘变化

查曼听到卢博克发出愤怒的嗡嗡声,那愤怒显然不是因为她的极速坠落。她不断惊叫着:"伊尔夫,伊尔夫!"她大声吼叫着,"噢,天啊!伊尔夫!我念的是飞行咒语,可为什么没用呢?"

其实有用。查曼渐渐意识到,在她面前向上飞去的岩石速度慢了下来,变得像是在爬,然后又变得像是从旁边滑过,最后看起来好像只是在晃动。有一刻,她停在了半空中,就刚好在悬崖下面一些巨大的尖尖的峭壁石块上方。

我是不是已经死了?她心里想。

接着,她又自言自语:"太可笑了!"同时又手忙脚乱地挥舞着四肢想要翻过身来。在黄昏中,威廉叔公的房子在她身下还有很远一段距离,她还要再飞四分之一英里才能到。"这样飘着很好,"查曼说,"但我要怎么移动呢?"这一刻,她想起了卢博克是有翅膀的,很可能会忽然呼啸着从高处俯冲下来到她

身边。那样的话，就不需要再问要怎么移动了。查曼用力地蹬着腿，朝着威廉叔公房子的方向移去。她飞过了屋顶，又穿过了屋前的花园，此时，咒语仿佛也离她而去。她在空中刚好还有时间转个身，然后才砰的一声摔下来，坐在干净的碎石路面上，全身都在颤抖。

安全了！她心想。至少在威廉叔公的范围里，是安全的，她能感觉得到。

过了一会儿，她感叹道："噢，天啊！这一整天太糟糕了！我想要的只是有本好书，再能安静读完它就行……讨厌的森布罗尼婶婶！"

她身边的花丛忽然抖动了下。查曼闪到一边，差点又要尖叫起来，花丛边的绣球花弯到一边，一个蓝色的小矮人从里面跳出来，走到门径前。"这里现在是你照看吗？"这个蓝色的小矮人用微弱沙哑的声音问道。

即便光线微弱，还是能看出小矮人绝对是蓝色的，不是紫色，也没有翅膀。他的脸上满是皱纹，鼻子大到几乎撑满整张脸，但绝不是昆虫的脸，查曼的恐惧终于驱散了。"你是谁？"她问。

"地精灵，明摆着。"小矮人开口说道，"整个上诺兰都是地精灵的国度，我负责这里的花园。"

"晚上吗？"查曼问。

"我们地精灵大多晚上出来，"蓝色的小矮人说，"我刚说什么来着——这里由你照看？"

"这个么，"查曼说，"算是吧。"

"我就知道，"地精灵满意地说，"我看到巫师被高个们带走了，那你想要把这些绣球花都铲掉吗？"

"为什么？"查曼说。

"我喜欢铲东西，"地精灵解释说，"这是园艺的最大乐趣。"

查曼从来没想过这辈子会做园艺，她想了想。"不，"她说，"威廉叔公如果不喜欢这些的话，他就不会种了。他不久就会回来，我想他到时如果看到它们都被铲掉了会难过的。你就做你平常晚上做的事情，这你等他回来了再亲自问他吧。"

"噢，他当然会说不要的。"地精灵黯然说道，"他是个扫兴的人，巫师总是这样，那价格还是一样？"

"平常价格是多少？"查曼问。

地精灵马上回答道："我要一罐金子，还要一打新鲜鸡蛋。"

幸好，威廉叔公的声音此时从空中传来："我付给罗洛的是每晚一品脱牛奶，亲爱的，会通过魔法给他送去，你不用操心。"

地精灵厌恶地朝地上吐了口唾沫："我刚说什么来着？我不是说他让人扫兴了吗？不过你要是像现在这样整晚坐在门口，我可什么事情都没法做。"

查曼礼貌地说："我只是休息下，现在就走。"她站起身，惊奇地感觉到自己很重，另外膝盖也感觉很软，于是拖着沉重的脚步一路走到大门前。门会上锁的，她心想。万一进不去，我可就傻到家了。

她还没走到门前，门就自动打开，里面漏出令人惊讶的亮光,光亮中瓦伊夫小小的身体蹦蹦跳跳,看到查曼便高兴地叫唤、摇摆、扭动起来。查曼很高兴回到家中,还能受到这样的欢迎,她抱起瓦伊夫走进屋里,而瓦伊夫不断扑腾着,扭动着,想要舔查曼的下巴。

房间里,灯光仿佛是在魔法的控制下会到处跟着你。"这倒好,"查曼大声说,"那我就不用四处找蜡烛了。"但她的心惊恐地喊道:我还没把窗户关上!卢博克会溜进来的!她把瓦伊夫丢在厨房的地板上,冲向左边的门。走廊的灯光渐渐亮了起来,她一路跑到尽头,用力把窗关上。不过,微弱的灯光下,草地上还是一片昏暗,不管她从窗户里怎么向外张望,她还是看不清卢博克是不是在外面。她只好安慰自己,她在草地上时也看不到窗户,但她还是感觉自己在颤抖。

她感觉自己不住地颤抖。她颤抖着走回厨房,颤抖着分一块猪肉馅饼给瓦伊夫,还颤抖着发现桌下的茶水蔓延开来,把瓦伊夫弄得又湿又脏。瓦伊夫只要一靠近查曼,她的身上也会变得湿湿黏黏的。最后,查曼脱下了她的上衣,那上衣因为纽扣掉了早就敞开着,她用上衣把茶水擦干。这样一来,她当然颤抖得更厉害。她去找来了贝克夫人为她放进包里的厚羊毛衫,套了上去,但她还是在颤抖。大雨倾盆而下,打在窗户上,也从厨房的烟囱里啪嗒啪嗒滴落,这让查曼颤抖得更加厉害。她想这是因为害怕,不过她也真的感觉到冷。

"噢!"她大喊着,"我要怎么生火,威廉叔公?"

"我想我在那里准备了咒语,"那个慈祥的声音从空中传来,"只要往炉架上扔一样可以燃烧的东西,然后大声念'点火'就可以了。"

查曼环顾四方想找可以燃烧的东西。她旁边桌上的包可以,但里面还有一个猪肉馅饼和一个苹果派,而且,那个包还不错,上面有贝克夫人绣上去的花。威廉叔公的书房里有纸,但我还要起身去拿。水池边的袋子里有衣服,但查曼能肯定威廉叔公不会乐意让这些脏衣服被烧掉。还有她自己的上衣,脏兮兮的,浸满了茶水,还掉了两粒纽扣,就在她脚边的地上。

"反正也毁了。"她说。她捡起这堆棕色的、湿透的衣服,扔进壁炉里说:"点火。"

炉架轰一声像是有了生命。过了大约一分钟,火焰便愉快地燃烧了起来,每个人应该都想看到这一幕。她搬着椅子想靠近温暖的炉火,而火焰却变成了咝咝作响的蒸汽。蒸汽越积越多,挤满了烟囱,又冒进了房间,还开始产生各种气泡。大的气泡,小的气泡,闪着彩虹色光芒的气泡,一起从壁炉里冒到厨房中。它们飘在空中,落在东西上,飞到查曼的脸上,然后仿佛轻声叹息着破裂。气泡不断向外涌着,不出几秒,厨房里就像是下着气泡雨,充满蒸汽和热量,让查曼都快透不过气来。

"我忘了那块肥皂!"她一边说着,一边在这潮湿的热气中大口喘息着。

瓦伊夫把气泡当作了自己的敌人,躲到了查曼的椅子下面,对着爆裂的气泡狂吠,这听起来吵闹至极。

"闭嘴!"查曼说。汗水从她的脸上和散落肩头的头发上流下来,然后又滴落在蒸汽中。她甩开一大堆气泡,说道:"我想我该把所有衣服都脱掉。"

这时有人在敲后门。

"应该没人吧。"查曼说。

门外的人又敲了敲门。查曼坐在原地,希望不是卢博克。但当敲门声又第三次响起,她不情愿地站起身,从充满房间的气泡中走出去,去看那是谁。可能是罗洛,她心想,或许他想要进来避雨。

"是谁?"她朝着门口大喊,"做什么?"

"我要进去!"门外的人回喊道,"外面在下大雨!"

声音听起来很年轻,那不像是罗洛发出的刺耳声音,也不像是卢博克的嗡嗡声。查曼能听到屋外猛烈的雨声,即便是夹杂在蒸汽的咝咝声和气泡不断的爆裂声之中,不过这可能只是一个诡计。

"让我进去!"门外的人尖叫着,"巫师需要我!"

"这不可能!"查曼回叫道。

"我给他写过一封信!"那人叫着,"我的母亲安排我来的,你没有权力把我挡在门外!"

门闩晃动着。查曼还没来得及用两只手把门顶住,门就已经砰地一下开了,一个全身湿透的男孩冲了进来。他已经完全湿透,原本的棕色卷发现在垂在他年轻的脸庞上,还滴滴答答有水落下。他漂亮的外套和裤子是黑色的,因为湿透了而闪闪发光,他背上的大背包也一样。他一边走路,鞋子一边在咯吱作响。一走进房里,他身上也开始散发出水蒸气。他呆站在那里,看着大堆飘浮的气泡,看着瓦伊夫在椅子下不断吠叫,看着查曼抓着自己的毛衣,从一头红发中凝视着他,他还看到那堆脏盘子和堆满茶壶的桌子。他的双眼又转向了脏衣袋，而这一切显然让他接受不了。他的嘴张着，呆站在那里，又环顾了一遍周围的这一切，同时身上默默地散发着水蒸气。

过了片刻，查曼走上前，捏住了他的下巴，那里的一些粗糙的毛发表明他比看起来要大一些。她向上推了下，他的嘴咯嗒一声合上。"你能把门关上吗？"她说。

那个男孩看看身后的雨落进了厨房。"噢，"他说，"好的。"他用力把门拉上。"发生什么了？"他问，"你也是巫师的学徒吗？"

"不，"查曼说，"我只负责在巫师外出期间照看房子，他病了，于是精灵们把他带走去治疗了。"

男孩看起来很沮丧："他没有告诉你我要来吗？"

"他其实没时间告诉我任何事。"查曼说。她想到了《魔法书》下的那一堆信。那些无助的请求巫师教授学生的信件中一定有这个男孩的一封，不过瓦伊夫的叫声让她没法仔细回想。"闭嘴，瓦伊夫。你叫什么名字，男孩？"

"彼得·雷吉斯。"他回答，"我母亲是蒙塔比诺的女巫。她是威廉·诺兰的老朋友，是她安排我来这里的。安静点，小狗狗，我是该来的人。"他卸下背包，把东西都倒在地上。瓦伊夫不再吠叫，从椅子底下跑出来对着背包仔细地嗅着，以防其中有什么危险的东西。彼得搬过椅子，把湿外套挂在上面，里面穿的衬衫也几乎湿透。"那你是谁？"他看着气泡中的查曼，问道。

"查曼·贝克，"她告诉他，并解释道，"我们总是称呼巫师为威廉叔公,但他其实是森布罗尼婶婶的亲戚,我住在上诺兰。你从哪里来?你为什么会到后门去?"

"我从蒙塔比诺来,"彼得说,"我还迷路了,因为想要抄近道过来。我以前来过一次,那时母亲安排我来向诺兰巫师学习,但我好像记错了路,你来这里多久了?"

"今天早上刚到。"查曼回答,并且惊讶地意识到自己到这里还不到一天,感觉却像是好几周了。

"噢。"彼得透过飘浮的气泡,看到了茶壶,仿佛在计算查曼喝了多少杯茶,"看上去你好像已经来了好几周。"

"我来的时候就是这样。"查曼淡淡地说。

"什么?气泡和这一切吗?"彼得问道。

查曼心想:我不觉得我喜欢这个男孩。

"不,"她说,"那是因为我,我忘了自己把肥皂扔在炉架上了。"

"啊?"彼得说,"我还以为是有咒语失灵了,所以我才会以为你也是学徒的。那么,我们只要等肥皂用完就行了,你有吃的吗?我饿了。"

查曼的眼神不情愿地转向桌上的包,但马上又从那里移走。"不,"她说,"似乎没有。"

"那你要给你的小狗喂什么呢?"彼得说。

查曼看着瓦伊夫,他又钻回到椅子下面,对着彼得的背包大声吠叫。"不需要,他刚吃掉了半个猪肉馅饼。"她说,"他也不是我的狗,他是威廉叔公收养的流浪狗,他名叫瓦伊夫。"

瓦伊夫还在叫唤。彼得一边说"安静点,瓦伊夫",一边穿过气泡和自己的湿外套,伸手够到了瓦伊夫蹲着的椅子下面。他把瓦伊夫拉出来,又把瓦伊夫背朝下抱在手臂里站了起来。瓦伊夫尖叫着反抗,挥舞着四只爪子,还卷起两腿间乱糟糟的尾巴。彼得把瓦伊夫弯起的尾巴弄直。

"你伤害了他的尊严,"查曼说,"把他放下来。"

"'他'不是他,"彼得说,"'他'是她,而她也没有什么尊严,你有吗,瓦伊夫?"

瓦伊夫显然不同意,从彼得的手臂里跳到了桌上。又一个茶壶落了下来,查曼的包也紧跟着落在了茶壶上,让查曼很不高兴的是,猪肉馅饼和苹果派从里面滚落了出来。

"噢,太好了!"彼得一边说,一边抢在瓦伊夫之前抓起猪肉馅饼。"这就是你全部的食物了吗?"他一边问道,一边大咬了一口馅饼。

"对的,"查曼说,"那个是早餐。"她捡起掉落的茶壶。里面溅出的茶水很快变成棕色的气泡,慢慢飘上来,在其他的气泡中划出一条棕色的线条。"快看看你做了什么。"她说。

"已经一团糟了,再多点儿也没什么差别。"彼得说,"你从来不打扫的吗?这个馅饼真不错,另外那个是什么?"

查曼看看正深情地坐在苹果派旁的瓦伊夫。"苹果派,"她说,"如果你要吃,你也要分一点儿给瓦伊夫。"

"这是规定?"彼得一边说着,一边吞下最后一口猪肉馅饼。

"是的,"查曼说,"瓦伊夫的规定,而且他——我是说她——非常坚持。"

"那么她有魔法啰?"彼得一边问,一边捡起苹果派,瓦伊夫立刻渴求地叫起来,开始在茶壶之间徘徊。

"我不知道。"查曼回答。接着,她想起了瓦伊夫似乎能到房间的任何角落,还想到了之前大门如何为她而敞开。"是的,"她回答,"我敢肯定她会,而且法力无边。"

彼得慢慢地,很不情愿地掰下一小块苹果派。瓦伊夫的尾巴左右摇摆,双目紧跟着他的每一个动作。她俨然知道彼得在做什么,也不管那些挡着她路的气泡。"我懂你的意思。"彼得说着,把最后一块苹果派递给了瓦伊夫。瓦伊夫温和地用爪子接过来,从桌上跳到椅子上,接着跳到地上,然后啪嗒啪嗒走去脏衣袋后面吃了。"有热饮吗?"彼得问。

查曼从山上摔下来后就一直想要杯热饮。她一边颤抖着,一边把毛衣围在身上。"好主意,"她说,"来一杯吧,要是你知道怎么弄的话。"

彼得把气泡赶到一边,看看桌上的茶壶。"这么多壶茶一定是有人沏的。"他说。

"一定是威廉叔公沏的,"查曼说,"不是我。"

"但这至少说明是可以的,"彼得说,"别站在那里一副可怜样了,快找找有没有平底锅之类的东西。"

"你去找一个来。"查曼说。

彼得轻蔑地看了她一眼,开始四处寻找,一边走一边驱赶着气泡,直到他走到那个堆满东西的水槽边。于是他发现了查曼早就发现的事情。"没有水龙头!"他不敢相信,"而且这些平底锅都是脏的,他从哪里弄来的水?"

"院子里有抽水泵。"查曼冷冷地说。

彼得透过满屋的泡泡看着窗外,雨滴依旧在玻璃上流淌。"这里没有盥洗室吗?"他问。查曼还没来得及解释怎么去盥洗室,他就跌跌撞撞地穿过厨房,打开另一扇门进了客厅。泡泡也一起挤了进去围到他身边,随后他又生气地回到厨房。"开玩笑吗?"他难以置信地问,"他不会只有这两间房间吧!"

查曼叹了口气,把身上的毛衣围得更紧一些,走过去向他解释。"你再把门打开,然后左转。"她解释着,然后又一把抓住彼得,让他别往右转,"不对,那里会通向奇怪的地方。你分不清左右吗?"

"分不清,"彼得说,"从来都分不清,我总是得在自己的拇指上绑一段毛线才行。"

查曼把眼珠翻向天花板,把他往左边推去。他们一起到了走廊上,尽头的窗户外,雨滴还在不断大声地砸着玻璃。光线慢慢亮起来,彼得则站在那里东张西望。

"现在你可以右转了,"查曼一边说,一边推着他往那里走,"盥洗室就在这扇门后面,旁边那排门后面是卧室。"

"啊!"彼得羡慕得大叫,"他让空间扭曲了,我等不及想学学这是怎么做到的了,谢谢!"他继续说,接着就钻进了盥洗室。查曼正踮着脚尖准备悄悄去书房,他的声音又飘了过来:"噢,太棒了!水龙头!有水!"

查曼躲进了威廉叔公的书房,关上门,桌上扭曲的台灯慢慢亮了起来。她走到书桌前时,亮度已经接近日光了。查曼推开《魔法书》,拿起下面的那一堆书信,她要确认一下。如果彼得说的是真的，那么这些请求威廉叔公让自己做学徒的信件里有一封应该是他的。因为她之前只是粗略地翻了一遍，她不记得看到过；而假如没有那么一封信，那她面对的就是一个骗子，很可能是一个卢博克，她必须弄清楚。

啊！是这封，在信件堆中部，她戴上眼镜读了起来：

尊敬的诺兰巫师：

　　关于成为您的学徒这件事，我是不是方便过一周就去您那儿，而不是根据原先安排的那样等到秋天？我的母亲要去英格里，她希望在离开前能把我安顿好。如果我没有收到您的反对消息，我应该会在本月十三日拜访您家。

希望没有打扰，

您真诚的，

彼得·雷吉斯

那么应该没问题了！查曼心想，有些安心，又有些烦恼。她之前浏览这些信件的时候，眼睛一定是只看到了开头的"学徒"以及结尾的"希望"，中间还有一大段话。她以为这只是另一封请求信。而且，似乎威廉叔公也是这么认为的。也可能他病得太厉害，没法回信。无论如何，她似乎摆脱不了彼得了。可恶！不过他至少不是坏人，她心想。

远处又传来彼得惊慌的叫声，查曼迅速把信件塞回《魔法书》下面，摘下眼镜，回到走廊上。

蒸汽从盥洗室里冒出来，还混合着各种气泡。里面似乎藏着什么巨大的白色东西，正朝着查曼逼近。

"你做了什么——"她开口道。

她还没来得及说完，那个庞大的白色物体就伸出巨大的粉红舌头，开始舔她的脸，它还发出了响亮的吼叫声，查曼跌跌撞撞地后退着。她就好像是被一条潮湿的浴巾舔着，又好像是听到了大象的叫声，她靠在墙上，瞪着那个生物大而可怜的双眼。

"我认识这双眼睛。"查曼说，"他对你做了什么，瓦伊夫？"

彼得从盥洗室里冒出来，大喘着粗气。"我不知道哪里出了问题，"他不停喘着气，"流出来的水不够热，不能泡茶，所以我想要水更热一点儿，就念了增大咒语。"

"好啊，那立刻变回去。"查曼说，"瓦伊夫现在大得像头大象。"

彼得慌张地看了巨大的瓦伊夫一眼。"只是马匹的大小罢了，可里面的水管还烫得发红呢，"他说，"你觉得我该怎么办？"

"噢，真够呛！"查曼说道。她温柔地把硕大的瓦伊夫推到一边，走进盥洗室。从满屋蒸汽中，她只能分辨出滚烫的水正同时从四个龙头中喷涌而出，又冲进马桶里，墙上的水管也确实红得像在燃烧。"威廉叔公！"她大吼，"我要怎么让盥洗室的水冷却下来？"

威廉叔公和蔼的声音从喷涌的咝咝声中响了起来："你可以

在手提箱里找到更详细的指导,亲爱的。"

"这没用!"查曼说。她明白没有时间再去手提箱里找了,有东西很快就要爆炸了。"冷却!"她在蒸汽中大喊,"冷却!你们这群水管,立刻冷却!"她尖叫着,同时挥舞着双臂,"我命令你们凉快下来!"

令她震惊的是,居然起效了。蒸汽化作一阵喷烟,接着全部消失了,马桶也不再冲水,有三个水龙头咕噜咕噜停止了流淌。还在流水的那个龙头——洗脸池上的那个冷水龙头——也迅速积上了霜,下面形成了冰柱。墙上的水管外也结起了冰柱,然后慢慢滑落,嗒嗒地落入浴缸中。

"现在好多了。"查曼说,同时转向瓦伊夫,瓦伊夫也可怜地回望着她——自己从来没那么大过。"瓦伊夫,"查曼说,"变小,立刻,我命令你。"

瓦伊夫呆呆地摇晃了下她的大尾巴,身材没有改变。

"如果她有魔法的话,"彼得说,"她也许能把自己变回去,只要她想。"

"噢,闭嘴!"查曼朝他大吼,"你以为你刚才干了什么好事?可没人喝得下滚烫的水。"

彼得的眼睛在滴着水的卷发下面生气地瞪着她。"我想喝茶,"他说,"要沸水才能泡茶。"

查曼从来没有泡过茶,她耸了耸肩。"真的吗?"她抬头看了看天花板。"威廉叔公,"她说,"我们怎么才能喝上热饮?"

那个和蔼的声音又响了起来:"在厨房的话,敲下桌子,说'茶水',亲爱的。在客厅的话,敲一敲角落的推车,说'下午茶'，在你卧室的话——"

彼得和查曼都没耐心听关于卧室里的方法。他们冲上前，砰的一声关上盥洗室门，再重新打开——查曼推着彼得往左转——挤回了厨房，转过身，关上门，再打开，然后终于到了客厅，开始急切地寻找着那个推车。彼得从角落里发现了它，在查曼之前走了过去。"下午茶！"他大叫，用力垂着它的玻璃表面，"下午茶！下午茶！下——"

查曼走到他跟前，抓住他正要用力敲打下去的手臂，此时，推车上已经堆满了茶壶、奶罐、糖碗、杯子、烤饼、奶油碟子、果酱碟子和几碟涂着热黄油的吐司面包、松饼、巧克力蛋糕。推车的一头还滑出了一个抽屉，里面装满了小刀、勺子和叉子。查曼和彼得默契地拉着推车走到古老的沙发前，坐下来开始大吃大喝。过了一会儿，瓦伊夫从门里探出她巨大的头，开始嗅着鼻子。看到推车上的东西，她向前挤了下，也走进客厅，她慢慢地拖着巨大的身体爬到沙发前，把她那宽大的毛茸茸的下巴搁在沙发上查曼的背后。彼得慌张地看了她一眼，递给她几块松饼，她一口便吞了下去，还是很有礼貌。

大半个小时过去，彼得向后伸了个懒腰。"太棒了，"他说，"至少我们不会饿死了，诺兰巫师，"他试着问，"我们要怎么在屋子里找到午餐？"

没有回答。

"他只回答我的问题。"查曼说，带着些不难察觉的自鸣得意，"现在我可不会问，你来之前，我撞见了一个卢博克，现在累死了，我要上床睡觉了。"

"卢博克到底是什么？"彼得问，"我想我父亲就是被一个卢博克杀害的。"

查曼并不想回答他，她站起身朝门口走去。

"等等，"彼得问，"推车上这些东西怎么办？"

"不知道。"查曼说，她打开门。

"等等，等等，等等！"彼得一边喊着，一边追上去，"先告诉我卧室在哪儿。"

是该要告诉他，查曼心想，他连左右都分不清。她叹了口气。她很不情愿地推着彼得穿过还在不断冒着气泡的厨房，那里气泡比之前更多了，但他要去拿回自己的背包，接着她又带着他往左穿过门来到卧室。"进第三间，"她说，"这间是我的，而第一间是威廉叔公的。这里有很多间，如果你想换别间请随意，晚安。"她说完就走进盥洗室。

里面的一切都冻了起来。

"噢，好吧。"查曼说。

她回到卧室，穿上沾了些茶渍的睡衣。彼得又在走廊上大叫："嘿！马桶也冻上了！"运气真差！查曼心想。她躺上床，几乎马上就睡着了。

大约一小时后，她梦到自己身上趴着一只巨大的毛茸茸的动物。"下去，瓦伊夫，"她说，"你太大了。"随后，她又梦到了那只巨大的动物从她身上慢慢爬下去，发出隆隆的呼吸声，随后她便做起了别的更沉的梦。

第五章

查曼迎来忧心忡忡的家长

查曼醒来时发现,瓦伊夫硕大的头枕在床上,压着查曼的腿。瓦伊夫的身体还躺在地上,那一堆白毛下的大身体几乎填满了整个房间。

"所以你没法自己变小啰,"查曼说,"我要想想办法。"

瓦伊夫大声地喘了几口气,算是回应,随后又睡着了。查曼艰难地把腿从瓦伊夫的头下拽了出来,又在瓦伊夫巨大的身体周围挤来挤去找干净的衣服来穿上。查曼整理头发时才发现,她平时带的发卡似乎都不见了,可能是她掉下悬崖时丢了,她只剩下一条丝带。母亲总是坚持说,好姑娘都要把头发整整齐齐地盘在头顶上,查曼也从来没有试过别的样子。

"噢,好吧,"她对着镜子里的自己说,"妈妈反正也不在,对吧?"于是她给自己编了一个粗辫子,挂在一边肩头,再用丝带绑起来。弄完后,她感觉自己看起来比平常更漂亮了,脸更圆润,不那么瘦削、古怪。她对着镜子里的自己点了点头，想绕过瓦伊夫去盥洗室。

让她感到欣慰的是，经过一晚上，盥洗室的冰终于化了。房间里充满了水管上凝结的水滴落的声音，似乎一切正常，直到查曼打开水龙头——四个水龙头流出的都是冰冷的水，不管放多久。

"反正我也不想洗澡。"查曼说着又回到走廊上。

没听到彼得的声音。查曼记得妈妈说过，男孩子早上起床都很困难，她也不想为这个担心。她打开门，左转进了厨房，里面是厚厚的泡沫。大堆的泡沫和一些大个的气泡穿过她进了走廊。

"该死！"查曼说道。她弯下腰，两臂抱着头，冲进了房间，里面就像父亲接下大订单时的烘烤间一样热。"哟！"她说，"我想要好几天才能用完一块肥皂。"随后她就什么也不说了，因为只要一开口，她的嘴里就会填满肥皂泡沫。泡泡还钻进她的鼻子，她开始打喷嚏，这让泡沫中形成了一股旋风。她又撞到了桌子，弄翻了另一个茶壶，但她还是在往前挤，一直到她撞上了脏衣袋，又听到了上面的锅子发出的噼啪声。她便知道自己到了哪里。她移开一只用来挡脸的手，摸索着水槽，然后又顺着水槽找到后门。她搜寻着门闩——她一度以为门闩在夜里消失了，后来才想起来那是在门的另一边——她终于推开了门。她站在那里大口喘着粗气，吐出来的全是肥皂泡，她又眨了眨因为肥皂而痛得流泪的眼睛，就这样开始一个美丽祥和的早晨。

成群的气泡跟着她一起挤了出来。睁开眼看清这一切时，查曼呆站在那里，欣赏着阳光下闪闪发光的大气泡，它们正向着葱郁的山坡飞去。她发现，其中大多数飘到院子尽头时就破裂了，仿佛那里有一道看不见的屏障，但也有一些一直向上飞啊飞，仿佛能永远飞下去。查曼的双眼跟随着它们一同向上望去，穿过棕色的绝壁和青葱的斜坡。其中一道斜坡一定就是她遇到卢博克的草地，但她分不清是哪一块。她抬眼一直望向山峰上的蓝天，这真是美丽的一天。

此时，一长条闪闪发光的气泡源源不断地从厨房里冒出来。查曼回头看时，房间里已经不再是塞满了泡沫，但气泡还是到处都是，壁炉上更多。查曼叹了口气，走回房间里，她靠在水池上，把窗打开。此刻，两条气泡正同时从房子里飞出来，比之前都更快，这让院子里像是有了彩虹，厨房很快就空了出来。查曼很快便发现，水槽边现在有四袋衣服，而不止昨晚的两袋。

"见鬼！"查曼说，"威廉叔公，我要吃早饭怎么办？"

能听到威廉叔公的声音从气泡中传出来真好："只要敲一敲壁炉的边上，然后说'请给我早饭'，亲爱的。"

查曼立刻饥饿地冲上前去。她迫不及待地敲了敲满是肥皂的壁炉。"请给我早饭。"随后，她不得不后退几步，面前出现了一个飘着的托盘，还碰到了挂在她胸前的眼镜。托盘的中间是一盘嗞嗞作响的培根煎蛋，旁边还放着一壶咖啡、一个杯子、吐司、果酱、黄油、牛奶、一碗炖李子，湿巾上还放着一套餐具。

"噢，真棒！"她说，在托盘上面盖满肥皂泡之前，她就抓着它走进了客厅。让她惊奇的是，里面并没有留下什么她和彼得昨晚吃的下午茶的痕迹，推车也安稳地回到了角落里；但房间还是一样古旧，还有一些溜进来的气泡飘在表面。查曼走过去，穿到前门。她记得，根据《羊皮纸书》里的咒语，她去摘粉红和蓝色的花瓣时，看到书房窗外的花园里有张桌子和凳子。她端着托盘绕着房子的墙角想要找找。

她终于找到了，那里的阳光恰好是最强烈的，尽管房子里看起来没什么留给书房的空间，但是粉色和蓝色的花丛上边就是书房的窗户。魔法真是有趣，她边想边把托盘放到桌上。尽管她周围的树木还因为昨晚的雨而在滴水，但凳子和桌子都是干的。查曼坐下来，享受起最惬意的一顿早餐，晒着暖暖的日光，感觉既慵懒，又奢侈，很像个大人。唯一缺少的就是巧克力羊角面包，就像父亲做的那种，她心想着，背靠着凳子喝着咖啡。威廉叔公回来我一定要告诉他这点。

威廉叔公一定常坐在这里享受早餐。她身边的绣球花似乎是花园里最美的，就像是专为了取悦她。每一丛花的颜色都不止一种。她面前的这一丛花就有白色的、淡粉色的和淡紫色的。旁边那一丛最左边的是蓝色，而右边就变成了深青色。查曼很高兴她没有让地精灵铲掉这些花丛，而正在此时，彼得从书房的窗户探出了头，这让查曼感觉很扫兴。

"嘿，你哪来的早餐？"彼得问。

查曼解释完，他就把头伸了回去，走开了。查曼待在原地，等着彼得过来，但却又希望他不要来，不过什么也没有发生。查曼又晒了会儿阳光，忽然想到她该找本书来读一读。她把托盘端进了屋里，先去了厨房，庆幸自己既干净又高效。彼得显然来过，因为他把后门关上了，只留下开着的窗户，于是房间里又堆满了气泡。气泡慢慢拥向窗口，然后迅速地从那里飘走。从那些气泡里可以隐约看到瓦伊夫大大的白色身体。查曼过来时，瓦伊夫那巨大的尾巴正在壁炉边剧烈摇晃着。一个小狗盘穿过气泡落在她那双大脚掌间，里面装着只够一条小狗吃的食物。瓦伊夫忧伤地望着，低下她那巨大的头，一口就吞下了那些狗粮。

"噢，可怜的瓦伊夫！"查曼说。

瓦伊夫抬头看着她。大尾巴开始摇摆，敲打着壁炉。每敲打一下就有一小盘新的狗粮出现。没一会儿，瓦伊夫的周围就满是小狗盘。

"别要太多了，瓦伊夫。"查曼说完，从那些盘子间走过。她把托盘放在两袋新出现的脏衣服上，对瓦伊夫说："我要去书房找本书，如果你需要我就去找我。"然后便走了回去，瓦伊夫只顾忙着吃，没有留心。

彼得在书房。他坐在椅子上，忙着翻阅一本书桌后面书架上的大皮面书，他吃完的早餐盘就在书桌旁的地上。他今天看起来要可爱多了。他的头发干了，一头干净的茶色卷发，身上穿的显然是一套新衣服，是绿色的粗呢外套。因为是从背包里拿出来的，所以有些皱褶，也能看到一些圆形的湿湿的痕迹，是气泡破裂产生的，但查曼很喜欢。查曼进来时，他重重地合上一本书，叹了口气，把书放回原位。查曼发现他的左手拇指上系了一段绿色毛线。原来他就是这样来到这里的，她心想。

"我一点儿也没有头绪,"他对查曼说,"一定在这里的什么地方,但我找不到。"

"你在找什么?"查曼问。

"你昨晚提到了什么卢博克,"彼得说,"我想起来我并不知道这是什么,我想要搜寻下资料,还是你对它们了如指掌?"

"不太清楚——除了它们很吓人以外。"查曼坦承,"我也想知道它们的事情,我们该怎么做?"

彼得用他绑着绿色毛线的拇指指了下那排书:"这些书,我知道,这些是巫师的百科全书,但你必须知道你要找什么,才能找到正确的那一卷。"

查曼戴上眼镜,凑上前看那些书。每一本都印着烫金的书名《魔法术》,下面有一个数字和一个小标题。《第三卷:转移术》,她看着,《第五卷:心理控制术》;另一边,《第十九卷:高级种子术》《第二十七卷:地球梦占卜术》《第二十八卷:宇宙梦占卜术》。"我明白你的问题了。"她说。

"我现在要按次序一本本翻过去,"彼得说,"我刚看了五本,都是些摸不着头脑的咒语。"他拿着第六卷,上面写着《魔咒》,他打开来。"你来翻下一本。"他说。

查曼耸耸肩,拿起第七卷。书名好像没什么帮助,是《力量》。她拿到窗台下,那里空一些也亮一些。她刚翻开开头的几页,就知道她找到他们要的东西了。"魔鬼:强大、有时危险的生物,"她念着,"常常与'精灵'混淆。"她又翻过几页,"恶魔:地狱里的生物……"接着看到的是"半精灵:拥有精灵族赐予的力量,以守护王国的安全……"然后,又翻过几页,"梦魇:专门的恶魔,通常针对女性……"随后,她缓慢地、仔细地往下翻,过了二十页后,她找到了。"卢博克,找到了!"她叫道。

"太棒了!"彼得砰的一声合上"魔咒"卷,"这本里几乎全是图,那里面说什么?"他走到窗台下查曼身边,一起读那个词条。

"卢博克:一种稀有的生物,卢博克是一种紫色的昆虫类生物,大小各异,有蚱蜢大小的,也有和人一样大的。它非常危险,幸运的是现在只有在野外或者无人居住的地区才会遇到。卢博克会袭击任何它见到的人类,可能用它的钳状上肢,也可能用它强大的长嘴。每年有十个月,它会把人撕成碎片当作食物,但在七八月,它们进入繁育期,在这期间尤其危险。这两个月中,它们会等待人类,一旦捕获,就会在人类身上产卵。经过十二个月的孵化,第一个孵出的会吃掉其他的卵,而这个仅存的新生卢博克就会离开它的宿主。那个人类如果是男性就会死去,如果是女性就会像正常人一样生产,产下的称为'卢博金'(见下),这个女性通常接着会死亡。"

我的天啊,我可是死里逃生啊!查曼心想。她的眼睛以及彼得的眼睛,一起迅速移到了下一个词条。

"卢博金:卢博克与人类女性的后代。这种生物通常拥有人类小孩的外表,除了他们的眼睛一定是紫色的。有一些的皮肤也会是紫色,还有些甚至出生时会有退化的翅膀。助产士如果认出是卢博金一定会马上消灭,但很多情况下,卢博金会被错当成人类小孩抚养长大,他们几乎无一例外都很邪恶。因为卢博金能和人类繁衍后代，它的邪恶本性要相隔好几代才会消失。据说，在很多偏远地区，比如上诺兰和蒙塔比诺，很多居民的祖先都是卢博金。"

很难说清楚这段话对查曼和彼得各自带来了什么影响，他们都希望自己没有读过。威廉叔公的书房依旧阳光灿烂，却忽然感觉极不安全，角落里仿佛也多出了奇怪的阴影。事实上，查曼感到整间屋子里都是这样可疑的影子。她和彼得一起焦虑地环顾着四周，又迫不及待地望向窗外的花园，担心有什么危险。瓦伊夫在走廊上打了个大大的哈欠，就让这两人惊慌地蹦了起来。查曼想要冲出房间，看看走廊尽头的窗户是不是真的关紧了。不过，她还要先仔细看看彼得身上有没有什么紫色的地方，毕竟他说他来自蒙塔比诺。

彼得吓得惨白。他的鼻子上有不少小雀斑，不过都是淡橘色的，他的下巴上新长出的一点点毛发也是橘色的。他的眼睛则像是锈铁的棕色，与查曼双眼那种微绿的黄色完全不同，但还好都不是紫色。她很容易就看清了这一切，因为彼得也在同样仔细地打量着她。她感到脸部冰冷。她能想象，自己的脸和彼得一样惨白。终于，他们同时开口说话了。

查曼说："你从蒙塔比诺来，那你家人有紫色的吗？"

彼得说："你见过卢博克，那它在你身上产卵了吗？"

查曼说："没有。"

彼得说："我的母亲被称作蒙塔比诺女巫，但她来自上诺兰，真的。而且，她也不是紫色的，告诉我你见到的那只卢博克什么样。"

查曼告诉他自己是如何爬出窗外,又走到了山上的草地,而卢博克就藏在那里的蓝色花朵里,还有——

"那它碰到你了吗?"彼得打断说。

"没有,因为在它碰到之前我就摔下悬崖了。"查曼说。

"摔下悬——那你为什么没有死?"彼得问。他向后退了一点,仿佛是在想她是某种僵尸。

"我念了咒语,"查曼告诉他,口气非常得意,她为自己能使用真正的魔法而感到骄傲,"飞行咒语。"

"真的吗?"彼得半信半疑地说,"什么飞行咒语?在哪?"

"这里的一本书上写的,"查曼说,"摔下来后,我开始浮在空中,然后慢慢安全地落在花园的小路上,不用怀疑那么多。我落下来的时候,花园里还有一个叫罗洛的地精灵在。问他去吧,要是你不相信我的话。"

"我会的。"彼得回答,"那是什么书?给我看看。"

查曼骄傲地把辫子甩到肩膀后面,走到书桌前。《羊皮纸书》像是想要躲起来。可以确定的是,它不在原来的地方。可能是彼得动过了。她最终还是找到了,它就塞在那排《魔法术》里面,假装是这套百科全书中的一卷。"那儿,"她说着把它重重地放到了《魔咒》的上面,"你怎么敢怀疑我的话!现在我要去找本书读了。"

她走到一排书架前,开始挑选喜欢的书籍。里面不像是有故事书,查曼最爱看故事了,不过还是有些题目很有趣的书。比如,《术师艺术家》,或者《驱魔师回忆录》。另一边还有

《咒文念诵理论与实践》，听上去一定很枯燥，不过查曼非常中意旁边的那本，叫作《十二岔魔杖》。

与此同时，彼得正独自坐在书桌前，迫不及待地翻阅着《羊皮纸书》。查曼发现《术师艺术家》中满是令人生厌的说教，像是什么"于是，我们幸福的小魔法师便为我们的双耳带来了甜美如童话般的音乐"。而彼得却生气地抱怨着："里面没有飞行咒语，我都翻完了。"

"可能是被我用掉了。"查曼不置可否，她翻开《十二岔魔杖》看了看，感觉会很好看。

"咒语又不会被用掉，"彼得说，"你在哪里找到的，说真的？"

"就在里面，我都跟你说了。"查曼回答，"你要是不相信我的话，干吗还要不停问我？"她摘下眼镜，啪的一声合上书，搬着一厚叠可能感兴趣的书回到了走廊上，砰的一声关上书房的门，留下彼得一个人，然后退回盥洗室又往前一直走到客厅。虽然有一股古旧的霉味，但她还是决定待在这里。读完《魔法术》里的那个词条后，她不再觉得去阳光下看书会是安全的。她想象着卢博克在绣球花上若隐若现，于是坚定地坐回了沙发上。

她认真地读着《十二岔魔杖》，甚至开始理解这本书说的是什么，忽然，前门传来了响亮的敲门声。查曼就像往常一样，认为总会有别人去开门，于是继续看着书。

门嘎吱一声开了。森布罗尼婶婶的声音说道："她当然很好，贝蕊妮丝，她正埋着头看书呢，就跟平常一样。"

查曼从书中抬起头，摘下眼镜，刚好看到她的母亲跟着森布罗尼婶婶一起走进屋子。森布罗尼婶婶就跟平常一样，穿着令人印象深刻的僵硬的丝绸衣服。贝克夫人则穿着端庄的灰色外套，领口和袖口是耀眼的白色，还戴着她最漂亮的灰色礼帽。

还好我换上了干净衣服，查曼心里想。可她忽然又想起，屋里的其他地方可不适合被这两位夫人看到，不仅是厨房里堆满了脏的盘子和狗盆、气泡、脏衣服、一只大白狗，而且彼得还坐在书房里。母亲很可能只能找到厨房，可这也已经够糟了。而森布罗尼婶婶（几乎一定）是个女巫，她能找到书房，就会碰到彼得。于是母亲就会想知道一个陌生男孩在这里做什么。等解释清楚彼得的事情，母亲就会说，既然这样，彼得能照看威廉叔公的房子，而查曼就要乖乖地立刻回家。森布罗尼婶婶会同意的，然后查曼就要被迫离开了。于是她的宁静和自由便要就此告终。

查曼一下子跳起来，大声地笑着，表情夸张、殷勤到她感觉自己的脸都快扭伤了。"噢，好啊！"她说，"我没听到敲门声。"

"你从来也听不到。"森布罗尼婶婶说。

贝克夫人两眼紧盯着查曼，充满焦虑："你还好吗，亲爱的？一切都好？你为什么没好好打理头发？"

"我喜欢这样，"查曼说着挤了过去，挡在了两位夫人和厨房门之间，"你不觉得这个发型适合我吗，森布罗尼婶婶？"

森布罗尼婶婶靠在她的阳伞上，认真打量着她。"是啊，"她说，"很合适，你这样看起来更年轻、更圆润，你是想这样吗？"

"对，是啊。"查曼大胆地说。

贝克夫人叹了口气："亲爱的，我不希望你说话这么大胆。不招人喜欢，你明白吗？不过我很高兴看到你一切都好，我大半夜没睡，听着雨声，盼望着这房子屋顶别漏水。"

"没漏。"查曼回答。

"还担心你会忘记关窗。"她母亲继续说。

查曼抖了一下。"不，我关窗了。"她边说边在回想，那时彼得一定开着那扇通向卢博克出没的草地的窗户。"你真的不必担心，母亲。"她撒谎了。

"好吧，说实话，我是有点儿担心，"贝克夫人说，"你第一次离开家，明白吗？我跟你父亲谈了，他说你可能不会弄东西给自己吃。"她举起了手里拿着的鼓鼓的绣花袋子。"他又给你打包了些食物带来，我帮你拿去放到厨房里，好吗？"她问道，绕过查曼走向里面的门。

不！救命啊！查曼心想。她接过那个绣花袋子，动作尽量温和有礼，别像心里正想的那样抢过来，她说："不麻烦，妈妈，我一会儿自己拿进去，再把另一个拿出来给你——"

"噢，干吗？这不麻烦，亲爱的。"母亲反问，还是抓着那个袋子没放手。

"——因为我有个惊喜给你，"查曼急忙说，"你来这里坐，那个沙发舒服极了，妈妈。"她还是挡着门，"来坐吧，森布罗尼婶婶——"

"但这也不花时间，"贝克夫人说，"我放到厨房桌上方便你拿——"

查曼摇着她还空着的手。另一只手还是死命地拽着那只袋子。"威廉叔公!"她大叫,"早咖啡!谢谢!"

让她大为安慰的是,威廉叔公和蔼的声音回答道:"敲一敲角落的推车,亲爱的,然后说'早咖啡'。"

贝克夫人吃惊地倒抽一口气,四下张望,找寻着声音的来源。森布罗尼婶婶看起来很感兴趣,半信半疑地走到推车前,用她的阳伞敲了下推车。"早咖啡?"她说。

房间里立刻充满了咖啡温暖的气息。一个高高的银色咖啡壶立在推车上,冒着热气,旁边是几个镀金的小杯子,一个镀金的奶罐,一个银质的糖碗,还有一盘小蛋糕。贝克夫人震惊地松开了绣花袋,查曼很快放到了最近的扶手椅下。

"这魔法太漂亮了,"森布罗尼婶婶说,"贝蕊妮丝,来这儿坐下,让查曼把车推到沙发边上来。"

贝克夫人坐到了沙发上,看起来很茫然,而查曼倍感安慰的是,她们的来访终于过渡到了体面的早咖啡时间。森布罗尼婶婶倒上咖啡,而查曼则分起了蛋糕。查曼面对厨房门站着,正把盘子端给森布罗尼婶婶,而门刚好打开了,瓦伊夫巨大的脸从门缝里探出来,显然是蛋糕的甜味吸引了她。

"走开,瓦伊夫!"查曼说,"走!我说认真的!你不能过来,除非……除非……除非你很得体,走开!"

瓦伊夫充满渴望地看着,大大叹了口气,退了回去。等到贝克夫人和森布罗尼婶婶小心端着各自满满的小咖啡杯转过身来想看看查曼在和谁说话时,瓦伊夫已经走开了,门也再次合上。

"那是什么？"贝克夫人问。

"没什么，"查曼轻松地回答，"只是威廉叔公的看门狗，她很贪吃的——"

"这里有狗！"贝克夫人打断了她的话，非常警觉，"我想我不喜欢狗，查曼，狗都很脏，还可能会咬你！我希望你把她锁起来。"

"不，不，不，她非常干净，也很听话。"查曼一边说着，一边在想这是不是事实。"只是——只是她吃很多，威廉叔公想让她节食，所以她对这里的蛋糕有兴趣——"

厨房门又开了。这次门缝里露出的是彼得的脸，表情像是在说他有什么要紧事要说。那表情在看到森布罗尼婶婶和贝克夫人的一刻又转变成了恐慌。

"她又来了。"查曼说，心里开始绝望，"瓦伊夫，走开！"

彼得听懂了她的暗示，于是消失了，没等森布罗尼婶婶再次转头看到他，贝克夫人比之前更警觉了。

"你担心过头了，贝蕊妮丝。"森布罗尼婶婶说，"我同意狗都有股味道，而且又脏又吵，但要保证家里安全，没有什么比一条好看门狗更有用了，你应该庆幸查曼有一条。"

"我想是的。"贝克夫人附和道，听起来还是没有完全相信，"但——但你不是告诉我，这房子有你叔公的……呃……法术保护吗？"

"是的，是的！"查曼急切地说，"这地方可是双倍安全啊！"

"当然是的，"森布罗尼婶婶说，"我想除非是被邀请，不然任何东西都别想闯进来。"

仿佛是为了证明森布罗尼婶婶完全是错误的，一个地精灵忽然出现在了推车边上。"现在，来看看这儿！"他略带挑衅地说着，也是小小的、蓝蓝的身体。

贝克夫人发出一声尖叫，把咖啡杯抓紧到胸前。森布罗尼婶婶优雅地从他身边把自己的裙摆拉了回来。地精灵盯着她们看，显然有些困惑，然后又看了看查曼。他不是那只负责园艺的地精灵。他鼻子要大些，身上的蓝色衣服布料也更精致，看起来像是只会发布命令的那种。

"你是地精灵中的重要人物？"查曼问他。

"那个，"地精灵有些吃惊，"你也可以这么说，我是这一带的首领，名叫缇明兹。我负责带领我的队伍，而我们现在都非常不满。你们说巫师不在家，会不会是巫师不愿见我们，又或者——"

查曼看得出他怒气冲冲。她很快接道："是真的，他不在，他生病了，精灵们带他出去治疗了，他不在的时候，我负责照看屋子。"

地精灵挤了挤他那大大的蓝鼻子上的双眼，瞪着她："你是说真的吗？"

好像我整天都在被人怀疑说谎！查曼心里很生气。

"这绝对是真的，"森布罗尼婶婶说，"威廉·诺兰现在不在家。那么你可以走了吗，亲爱的地精灵？你吓到可怜的贝克夫人了。"

地精灵瞪了眼她，又看看贝克夫人。"那么，"他对查曼说,"我想问题是没法解决了!"然后他就像来的时候一样忽然就消失了。

"噢,我的天啊!"贝克夫人抽了口气,抱着胸口,"那么小!那么蓝!他怎么进来的?别让他踩到你的裙子,查曼!"

"只是一只地精灵,"森布罗尼婶婶说,"振作起来,贝蕊妮丝。地精灵通常不会骚扰人类,我不知道他来做什么。不过我想威廉叔公一定和这群生物有什么交易,巫师可没个准儿。"

"啊,我的咖啡洒了——"贝克夫人大叫着,擦拭着她的裙子。

查曼接过小咖啡杯,又慢慢倒满了。"再吃块蛋糕吧,妈妈。"她说,把盘子递了过去,"威廉叔公请了一个地精灵来负责园艺,我见到那只时,他也很生气——"

"一个园丁要进客厅来做什么?"贝克夫人问。

查曼一如往常地开始感到绝望,要让母亲理解真难。她不是笨,只是从来都不专心,查曼心想。"那是另一只地精灵。"她还是解释了。

厨房的门打开了,瓦伊夫走了进来,她变回了正常的尺寸。也就是说,她至少比地精灵小了,她也很高兴自己重新变小,蹦蹦跳跳地来到查曼身边,抬头把鼻子凑近了蛋糕盘子。

"说真的,瓦伊夫!"查曼说,"想想你早餐吃了多少东西!"

"这就是那只看门狗?"贝克夫人颤抖着声音说。

"如果是的话,"森布罗尼婶婶发表着意见,"那跟老鼠比起来,她就是第二强的了,你刚说她早餐吃了多少东西?"

"大概五十碟满满的狗粮。"查曼不假思索地说。

"五十碟！"她的母亲重复道。

"我夸张了。"查曼说。

瓦伊夫发现她们都看着自己，于是摆出了一副乞怜的姿势，下巴枕在脚背上，她尽量让自己看起来讨人喜欢。查曼明白了，她故意摇晃着那只残缺的耳朵，好让人怜爱她。

"噢，多可爱的小狗啊！"贝克夫人叫道，"你饿了吗？"她把自己剩下的蛋糕都给了瓦伊夫。瓦伊夫礼貌地接了下来，一口就吞了下去，又继续乞求贝克夫人把盘子里的一整块蛋糕都给她。这让瓦伊夫看起来比以往都更加充满感情。

"你太恶心了。"查曼对瓦伊夫说。

森布罗尼婶婶也慷慨地给了瓦伊夫一块蛋糕。"我必须得说，"她对查曼说，"有这么聪明的狗保护你，完全不需要担心你的安全，只是你要挨饿了。"

"她很会叫的。"查曼说，而且你也不必这么挖苦我，森布罗尼婶婶，我知道她不是看门狗。不过查曼刚想到这些，便忽然意识到，瓦伊夫确实在保护她。她完全吸引了母亲的注意力，让她不再想那些地精灵，或是什么厨房，或者查曼可能遇到的危险，而且她是努力把自己变回原来的大小才能办到这一切的。查曼也很感激她，于是也给了瓦伊夫一块蛋糕。瓦伊夫非常高兴地感谢了她，用鼻子蹭着她的手掌，然后又期盼地转向了贝克夫人。

"噢，她太可爱了！"贝克夫人感叹道，又奖励了瓦伊夫第五块蛋糕。

她快撑死了，查曼心想。不过，多亏瓦伊夫，剩下的时光都很平静，直到最后，夫人们准备起身离开时，贝克夫人说："噢，我差点忘了！"她伸手在口袋里摸索，"这封信是给你的，亲爱的。"她递给查曼一个长长的硬信封，背后有红色的封蜡。信封上用优雅的斜体字写着，是寄给"查曼·贝克小姐"的。

查曼盯着这封信，感觉她的心脏快从耳朵里跳出来，她的胸口像是铁匠在打铁砧。她的双眼都有些模糊，拿着信的手也有些颤抖，国王给她回信了，他真的回信了，她知道那一定是国王的信。信封上的字迹和她在威廉叔公书房里看到的信件上的一样。"噢，谢谢。"她说，想尽量让声音显得放松。

"打开看看，亲爱的，"她的母亲说，"看上去很重要，你觉得是什么？"

"噢，没什么，"查曼说，"只是我的结业证书。"

她不该这么说的。她的母亲惊呼着："什么？你父亲还指望你留在学校里多学点儿文化呢，亲爱的！"

"是的，我知道，但六年级结束时，他们会给每个人都发一张证书。"查曼自己编造着，"省得我们中有人要离开的话，你明白的，全班每个人都会收到的，不用担心。"

尽管这个解释在查曼看来非常聪明，但贝克夫人还是会担心。她就快惊慌失措时，瓦伊夫忽然用后腿站了起来，朝着贝克夫人走过去，前爪又可怜兮兮地耷拉在下巴的下面。

"噢，小甜心！"贝克夫人惊叹着，"查曼，如果叔公病好回来，让你把这只小可爱带回家，我一点儿也不会介意的，真的不会介意。"

　　查曼把国王的信塞进她的腰带里,亲吻了她的母亲和森布罗尼婶婶,向她们道别,两人都没有再提起那封信。她开心地送她们从绣球花间的小路上离开,关上前门时欣慰地大出了一口气。"谢谢,瓦伊夫!"她说,"你这只聪明的小狗!"她靠着门,打开国王的信——虽然我早就知道他一定会拒绝,她心里这么想着,但还是兴奋地发抖。我要是他,我也会拒绝!

　　信封刚开到一半,另一扇门就打开了,是彼得。"她们走了吗?"他说,"终于走了?我需要你帮忙,我被一群愤怒的地精灵骚扰了。"

第六章

关于蓝色

查曼叹了口气,把国王的信塞进口袋。她不想与彼得分享其中的任何细节。"为什么?"她问,"他们为什么会生气?"

"来看吧,"彼得说,"听起来太可笑了,我告诉他们,这里由你负责,他们必须等你和那两个女巫客套完才行。"

"女巫!"查曼大叫,"其中一个可是我母亲!"

"好吧,我母亲也是女巫,"彼得说,"而且只要看到刚才那个穿丝绸衣服的高傲的夫人,就知道她是女巫了,来吧。"

他为查曼打开门,她走了过去,心里想着,彼得对森布罗尼婶婶的评价或许是对的。贝克家的人从来都不会讨论巫术,但查曼很多年来都认为森布罗尼婶婶是女巫,只是从来没有那么直接地说出来过。

她一踏进厨房就把森布罗尼婶婶的事彻底忘了,里面到处都是地精灵。蓝色的小人们长着各种形状的大蓝鼻子,凡是没有狗盆和翻掉的茶水的地方都站满了。桌上的茶壶之间,还有水槽的脏盘子上也都是。蓝色小人中还有女人，大多坐在脏衣袋上。女地精灵的区别在于鼻子更小、平滑，身上的蓝色裙子花边也更漂亮。我也想要一条那种裙子，查曼心想，当然，要大点儿才行。地精灵太多了，以至于查曼过了会儿才注意到壁炉里的气泡差不多都跑光了。

查曼进来时，地精灵们一起发出了尖叫声。"好像整个部落都来了。"彼得说。

查曼心想他或许说的是对的。"好啦，"她高声嘶喊道，"我来了，有什么问题啊？"

而回答更是一阵暴风雨般的狂吼，以至于查曼用双手堵住了耳朵。

"行了！"她大叫，"你们要是一起尖叫，我怎么听得清楚你们的话啊？"她认出了刚才客厅里那只地精灵，他正和另外至少六只一起站在椅子上。他的鼻子形状让人印象太深了。"告诉我，你名字叫什么来着？"

他敷衍着向她鞠了个躬："我叫缇明兹，我知道你叫查敏·贝克[1]，代表巫师，对吗？"

"差不多吧。"查曼说。好像没什么必要跟他争论名字的事情。而且，她也挺喜欢查敏这个名字。"我告诉你巫师病了。他出门治疗了。"

"你是说过，"缇明兹回答，"你确定他不是逃跑了吗？"

厨房里又充满了尖叫声和嘲笑声，查曼不得不再次大吼：

---

[1] 查敏（Charming），英文发音与查曼（Charmain）接近，书中不少人都喜欢这样叫她。——编者注

"安静！他当然不是逃跑了。他走的时候，我已经来了。他身体很差，精灵们必须带他去治疗。如果精灵们不带他去，他会死的。"

厨房一下子安静了下来，缇明兹闷闷不乐地说："如果你这么说，我们当然相信你，我们的矛盾是和巫师之间的，不过你或许能解决。说实话，我们也不希望这样，这不太合理。"

"是什么问题？"查曼问。

缇明兹向上挤了挤眼睛，从大鼻子上瞪着她："你不准笑，我们和巫师抱怨的时候，他总是嘲笑我们。"

"我保证不笑，"查曼回答，"是什么问题？"

"我们很生气，"缇明兹回答，"我们的女精灵不愿意为他洗盘子，我们还拿走了他的水龙头，让他自己也洗不了，但他只是笑笑，说他没有力气争论——"

"好吧，他是病了，"查曼说，"你现在知道了，那问题到底在哪儿？"

"是因为他的花园，"缇明兹回答，"最先抱怨的是罗洛，但我去看过以后也同意罗洛说的是对的。巫师种了蓝色的花，这颜色很正确、很合理，可他用魔法把其中一半变成了粉色，还有一些甚至变成了绿色或者白色，这太恶心了，太不合宜了。"

此时彼得忍不住了。"但绣球花就是这样的！"他叫了出来，"我跟你解释过了！任何园丁都会这么告诉你，如果不在花丛下面撒上漂蓝粉的话，有些花确实会变成粉色，罗洛是园丁，他一定知道。"

查曼环顾了拥挤的厨房，但没有在这一大群蓝色的人群中看到罗洛。"他那么对你说，"她解释道，"是因为他想把它们推倒，我保证他一直问巫师能不能把花丛铲平，而巫师拒绝了，他昨晚也问我了——"

此时，罗洛从一个狗盆旁边冒了出来，就在查曼的脚边上。她认出了他，因为他叫的声音还是那么刺耳。"我确实问她了！她那时就坐在小路上，刚从天上飘下来，还挺了不起的，然后告诉我可以随意，她和巫师一样坏！"

查曼低下头瞪着他。"你就是个搞破坏的小坏蛋，"她说，"你就会惹麻烦，你不会得逞的！"

罗洛甩了下胳膊："听到她的话了吗？听到了吗？谁不讲理，是她还是我？"

恐怖尖锐的喧闹声在厨房里响起。缇明兹大叫着让大家安静，喧闹渐渐变成了喃喃低语，他对查曼说："那你现在同意他铲平那堆难看的花丛了吗？"

"不，不允许，"查曼告诉他，"那是威廉叔公的花丛，我应该照看他的一切财产。罗洛只是在惹麻烦。"

缇明兹朝她挤了挤眉："你说完了？"

"是的，"查曼回答，"就这些。"

"那么，"缇明兹说，"你自生自灭吧，现在起没有一个地精灵还会帮你的忙了。"

接着，他们便离开了。于是，茶壶间、狗盆间、脏盘子间的蓝色地精灵们也同时消失了，只留下一阵微风在还剩下的气泡间回荡，炉架上的火正明亮地燃烧着。

"你太笨了。"彼得说。

"你什么意思?"查曼气愤地问,"是你说的那些花丛本应如此。你也看到了,罗洛是故意挑动他们的。我可不会允许威廉叔公回来的时候发现他的花园都被铲平了,对吧?"

"没错,但你可以更机灵些,"彼得说,"我以为你会说,我们会念漂蓝的咒语,让那些花都变成蓝色,或者其他类似的话。"

"对,但罗洛还是会想要把它们铲平,"查曼说,"昨晚我不同意他那么做的时候,他就说我很扫兴了。"

"你应该让他们看清楚他的真面目,"彼得说,"而不是让他们变得更生气。"

"至少我没有像威廉叔公那样嘲笑他们,"查曼反驳道,"是他让他们生气的,不是我!"

"那看看这给他多少麻烦!"彼得说,"他们拿走了他的龙头,让这些脏盘子都没法洗,现在我们要自己洗了,连盥洗室里的热水都没有了。"

查曼瘫坐在椅子上,又打开国王的信。"干吗要洗?"她说,"我可完全不知道要怎么洗盘子。"

彼得震惊了:"你不知道?从来没洗过?"

查曼打开信封,拿出一张漂亮的、折得整整齐齐的大信纸。"我的母亲从小要我得体,"她说,"她从来不让我靠近洗碗槽,也不让我进厨房。"

"难以置信!"彼得说,"什么事情都不会做怎么就算得体了?用肥皂点火算是得体?"

"那个,"查曼傲慢地说,"是个意外,现在安静,我要看信了。"她把眼镜架到鼻梁上,打开那张硬质的信纸。

"亲爱的贝克小姐——"她念道。

"好吧,那我来试试,"彼得说,"我可不想被一群蓝色小人威胁,我还以为你会帮我的。"

"闭嘴。"查曼一边说,一边还是盯着她的信。

亲爱的贝克小姐:

  非常感谢您愿意为我们提供服务。通常情况下,我们的女儿希尔达公主足以帮助我们完成所需;但恰好公主将要接待重要的客人,不得不在客人来访期间放弃她在图书馆中的工作。因此我们非常感激您的帮助,并愿意接受您为我们提供临时性的服务。请您在这周三早晨十点半左右前来皇室宅邸,我们很乐意在图书馆接待您,并指导您开始工作。

充满感激的,
阿道夫·雷克斯·诺兰迪·阿尔蒂

查曼一边读信,一边心在怦怦直跳,一直读到最后,她才相信这件惊人的、不可能的、难以置信的事情成真了:国王同意让她去皇家图书馆帮忙!眼泪涌上她的双眼,她也不知道为什么,只好摘下她的眼镜,喜悦在她心中涌动,随后是一阵激灵。今天不就是周三?她错失机会了吗?

虽然没留心,但她还是听到彼得敲击锅子的声音,还听到

他去里屋时踢到狗盆的声音,现在她又听到他回来了。

"今天周几?"她问他。

彼得把手上的大平底锅放到火上,咝咝声冒了出来。"如果你告诉我他把肥皂放在哪儿,那我就告诉你。"他说。

"可恶!"查曼说,"在储粮室的一个包里,标签上写着'CANINITIS'什么的,今天星期几?"

"抹布,"彼得说,"先告诉我抹布在哪儿,你知道现在储粮室里多了两袋衣服吗?"

"我不知道抹布在哪儿,"查曼回答,"今天周几?"

"先说抹布,"彼得说,"我问他没有回答。"

"他不知道你要来,"查曼说,"今天周三了吗?"

"我不明白他为什么会不知道,"彼得说,"他收到我的信了,问问抹布的事情。"

查曼叹了口气。"威廉叔公,"她说,"这个笨男孩想知道抹布在哪儿,谢谢。"

那个和蔼的声音回答:"亲爱的,我都差点忘掉抹布的事情了,在桌子的抽屉里。"

"今天周二。"彼得说着扑向抽屉,拉开来时还撞到了查曼的肚子。他一边拿出抹布和洗碗巾,一边说:"今天一定是周二,因为我是周六从家里出发的,花了三天走到这儿,满意了吧?"

"谢谢,"查曼说,"你真好,那我明天要进城一次,可能一天都不在。"

"那我是不是就可以幸运地替你照看这里了?"彼得问,

"你要躲去哪儿？"

"国王那儿，"查曼郑重地回答，"国王请我去帮助他，自己看信吧，如果你不相信我的话。"

彼得拿起那封信，仔细看了一遍。"我明白了，"他说，"你想一次去两个地方，真不赖，那你现在总可以帮我洗碗碟了吧，有热水了。"

"为什么？又不是我把它们弄脏的。"查曼回答。她收起自己的信，站了起来，"我要去花园里。"

"也不是我弄脏的啊，"彼得说，"而且，惹到那些地精灵的可是你的叔公。"

查曼从他身边走过，径直走去了客厅。

"你根本没什么得体之处！"彼得在她身后大叫着，"就是懒！"

查曼没有在意，一直朝前门走去。瓦伊夫跟在她身后，在她的脚踝周围乱窜，但查曼对彼得感到非常厌烦，也没有理睬瓦伊夫。"总是在挑毛病！"她说，"他来这里后一刻也没停过，好像他自己就完美了一样！"她边说着边推开了前门。

她倒抽了一口气，地精灵们刚才一定很忙。非常忙，动作还非常快。真的，他们没有把花丛都推平，因为她告诉他们不要那样做了，可他们却割下了所有粉色的花朵，还有大部分淡紫色和白色的花。前门的小径上撒满了粉色和淡紫色绣球花，花丛里还有更多。查曼气急败坏地大吼了一声，冲上前去，把它们都捡了起来。

"我懒吗？"她一边把绣球花捡起来放在自己裙子上，一边喃喃自语:"噢,可怜的威廉叔公!这儿简直一团糟,他一定希望这里是五颜六色的。噢,那群蓝色的小浑蛋们!"

她走到书房窗外的那个桌子前,把裙子里的花都倒在了上面,又发现墙边有一个花篮,她拿起花篮走回花丛中。瓦伊夫在她身边上蹿下跳,哼哼唧唧,而查曼把剪断的绣球花朵都收集在了花篮里。当她发现地精灵们对什么是蓝色也不总是很确定的时候,她还鄙视似的笑了笑。那些有些泛绿的和薰衣草色的花朵他们都没有剪断,而且,还有一丛花一定让他们很为难,那里的每朵花都是中间粉色、外面蓝色的。从这花丛周围的小脚印来判断,他们一定还为此开了个会。最终,他们割下了一半的花,留下了另一半。

"看看?没那么容易。"查曼大声地说,仿佛周围有地精灵在偷听,"这就是暴行,我想你们应该感到羞愧。"她拎着最后一篮花回到桌子边,不停念叨着:"恶棍、卑劣、坏蛋。"希望至少罗洛在附近听着。

有些花朵开得很好,茎秆也长。查曼把它们收集成一束粉色、淡紫色、白绿色的花,然后把其余的铺在桌上,在阳光下晒干。她记得在什么地方读到过,可以把绣球花晒干,它们会保留原来的颜色,冬天时可以做装饰用。威廉叔公会喜欢的,她想。

"所以,你看到了吗?坐下来读书是很有用的!"她对着空气说道。然而,此刻,她意识到自己是在试图向世界证明自己——如果说不是向彼得证明的话——她为自己收到国王的信而感到深深的骄傲。"噢,好吧,"她说,"来吧,瓦伊夫。"

瓦伊夫跟着查曼走进屋子，但推开厨房门时却后退了几步，还有些颤抖。查曼一走进厨房便明白了原因，彼得手里拿着正冒着热气的锅子抬起头。他从什么地方找来了围裙，把所有的器皿都整齐地堆到了地上，他没好气地看了看查曼。"真是大小姐，"他说，"我请你帮我洗碗，而你去摘花了！"

　　"不是的，真的，"查曼说，"是那些可恶的地精灵们把这些粉色的花都割下来了。"

　　"他们干的？"彼得问，"太糟了！你叔公回家后会很难过的，对吗？你可以把花放到盛鸡蛋的那个碟子里。"

　　查曼看了看装满鸡蛋的馅饼碟，旁边是一大袋肥皂片，还有茶壶。"那鸡蛋要放哪儿？等会儿。"她走到盥洗室，把绣球花放到了洗脸盆中。盥洗室里很潮湿，还有水在滴滴答答往下淌，但查曼不想去想这些。她走回厨房，说道："现在我要把茶壶里的水都拿去养这些绣球花。"

　　"不错啊，"彼得说，"那你要花上好几个小时，你觉得这些水还热吗？"

　　"冒热气而已，"查曼说，"应该快冒泡了，而且我也用不了几个小时，看着吧。"她找出两个稍大些的盘子，把茶壶里的水都倒了进去。她说着："懒也有好处，你知道吗？"忽然发现，她刚把空茶壶放回桌上，茶壶就不见了。

　　"给我们留下一个，"彼得着急地说，"我想喝热茶。"

　　查曼想了想，小心地把最后一个茶壶放到椅子上，它也消失了。

　　"噢，好了。"彼得说。

他努力着不让自己显得太不友善,于是查曼说:"我们可以去客厅喝下午茶,等我把这些都倒了,我母亲来的时候,又带来了一袋食物。"

彼得立刻振奋了起来。"那我们可以好好吃上一顿了,等我们洗完这些,"他说,"我们先来洗吧,不管你同不同意。"

他抓住了查曼,尽管她在抗议。她一从花园里进来,彼得就把书从她手里抢过来,用一块布围在她腰上。然后,他领着她走进厨房,神秘又可怕的事情开始了。彼得又递给她另一块布。"你来擦,我来洗。"他一边说着,一边从火上拿起冒着热气的锅子,把一半热水倒在水槽里的肥皂片上。他又举起一桶水泵打来的冷水,也倒了一半在水槽里。

"你干吗这么做?"查曼问。

"为了不被烫伤。"彼得回答,把刀叉倒入他的溶液中,接着又放进一堆盘子,"你什么都不懂?"

"不懂。"查曼回答。她生气地想着,她读的那么多书里,居然没有一本提到洗碗碟的事,更别说还解释要如何洗了。她在一旁看着,彼得迅速地用洗碗布擦去印花盘子上残留很久的晚餐渍。盘子从肥皂泡里拿出来时,干净明亮。查曼现在很喜欢那上面的图案,几乎都快相信这是魔法了。她又看到彼得把盘子浸入另一个桶里漂洗一下,然后他把盘子交给她。"我要做什么?"她问。

"当然是把它擦干,"他说,"然后堆到桌子上。"

查曼试了试,这件可怕的事没完没了。擦碗的布几乎一点儿也不吸水,盘子总是好像快要从她的手上滑掉。她擦的速度要比彼得洗的速度慢得多,彼得很快在水池边堆起了一大摞滴着水的盘子,开始变得不耐烦。于是,很自然的,那个图案最漂亮的盘子从查曼的手上滑落到了地上。和那些奇怪的水壶不一样,它摔碎了。

"噢,"查曼一边说,一边盯着地上的碎片,"要怎么把它们还原回去?"

彼得眼珠翻向了天花板。"做不到,"他说,"你就小心点别再摔碎了。"他收集起盘子的碎片,扔到另一个桶里。"现在我来擦。你来试试洗,要不然我们要干一整天了。"他把现在已经泛着褐色的水从水槽里放走,从里面取出刀、叉、勺子,放到漂洗的桶里。让查曼感到奇怪的是,它们似乎都一下子变得干净、锃亮。

她看着彼得又在水槽里放进肥皂和热水,心想彼得一定是故意选了简单的活来干,虽然这也在情理之中。

她发现自己错了,这一点儿也不容易。每一件器皿都花了她很长时间,其间,她的衣服还全被弄湿了。彼得还总是把盘子、杯子、茶碟、马克杯递回给她,说那些还是脏的。他也不让她洗那些狗盆,说要先把人用的器皿都洗完。查曼心想:他真坏。瓦伊夫把每一盆都舔得那么干净,查曼知道这些洗起来一定比什么都容易。此外,最让她害怕的是,她的双手从肥皂水里拿出来时,整个通红,而且还有奇怪的皱褶。

"我一定是生病了!"她说,"我得了可怕的皮肤病!"

彼得还嘲笑她,这让她更烦恼,更愤怒。

但这苦差事终于干完了。查曼身前湿透,双手都是皱纹,

哈尔的移动城堡三部曲 III

生气地走回客厅,在落日的余晖下开始读《十二盆魔杖》,让彼得一个人去把干净的碗碟堆到储粮室去。此刻,她感觉自己再不坐下读会儿书就快要疯了。我一整天都没看书了,她心想。

但彼得很快就打断了她,他拿着一个刚找到的花瓶走进来,里面装满了绣球花,他把花放在她面前的桌上。"你说你母亲带来的食物在哪儿?"他说。

"什么?"查曼一边说,一边透过花丛看着他。

"我说食物。"彼得回答。

瓦伊夫靠着查曼的脚,呻吟着附和。

"噢,"查曼说,"对,食物,你可以吃,只要你保证吃的时候不弄脏任何一个碟子。"

"好的,"彼得说,"我太饿了,就算掉在地毯上我也能舔干净。"

于是,查曼不情愿地放下了手上的书,从扶手椅下拉出了那袋食物,他们三个一起吃起了贝克夫人带来的美味馅饼,然后又在推车上喝了两次下午茶。在吃大餐的时候,查曼把那瓶碍眼的绣球花放到了推车上。但她再次抬头看时,它们却消失了。

"不知道它们去哪儿了。"彼得说。

"你可以坐到推车上去,就知道了。"查曼提议。

但彼得并不想那样做,这让查曼很失望。她一边吃,一边在想着如何说服彼得离开,回去蒙塔比诺。并不是因为她非常讨厌他。只是,要和他共处一室很令人困扰。就像彼得告诉她的那样,她知道,他要她做的下一件事就是把那些脏衣袋里的东西都倒出来洗掉。又要洗东西,这样的想法让她不寒而栗。

至少,她心想,我明天不在,他没法让我做这些。

她立刻又紧张了起来,她要见国王了。她写信给他简直是疯了,彻底疯了,现在她真的要去见国王了,她一下子没了胃口。她正吃着最后一块奶油烤饼,忽然抬起头,发现外面已经天黑了。屋内的魔法灯光亮了起来,让房间里像是闪耀着金黄的阳光,但窗户还是黑的。

"我要上床睡觉了,"她说,"明天有很多事情呢。"

"如果你们国王聪明的话,"彼得说,"他一看到你就会直接把你一脚踢出来,那样你就能回来这里洗衣服了。"

因为这些也正是查曼所害怕的,所以她没有应声。她只是拿起《驱魔师回忆录》想看些轻松的,她带着这本书走到门口,左转去了卧室。

第七章

许多人来到皇室宅邸

查曼整晚都睡不安稳。有一部分当然是因为那本《驱魔师回忆录》,作者显然有很多鬼怪经历,在他描述起来就像是真实的事情,这让查曼感觉鬼真的是存在的,而且还都带有恶意。她晚上大部分时间都在发抖,希望自己知道怎么能把灯打开。

还有一些烦扰是因为瓦伊夫,她觉得自己有权利睡在查曼的枕头上。

不过最大的问题还是查曼的紧张,还因为她不知道时间。她一直不断醒来,胡思乱想。万一我睡过头了呢!天还没亮她就醒了过来,听着小鸟在外面叽叽喳喳,差不多准备要起床。但她很快又睡着了,她又醒过来时,天已经大亮。

"救命啊!"她大喊着掀开被子,不小心把瓦伊夫也掀到了地上,她跌跌撞撞地满屋子找她特意拿出来的漂亮衣服。穿上她最美的绿色裙子后,她终于想起来最该做的一件事。"威廉叔公,"她大喊,"我要怎么知道现在的时间?"

"你要敲一敲你的左手手腕,"那个温和的声音回答,"然后说'时间',亲爱的。"查曼发现,那声音比之前都要更弱。她希望这只是因为咒语法力减弱了,而不是威廉叔公本人变得虚弱起来,不管他在哪里。

"时间?"她一边敲着,一边问。

她等待着一个声音,或者更可能是一个钟出现。上诺兰的人很擅长钟表工艺。她自己家就有十七个钟,盥洗室里也有一个。于是她有些奇怪,威廉叔公家甚至连个布谷鸟报时钟都没有,但她马上理解了其中的缘由,她居然就知道了现在的时间。现在八点。"我走过去至少要一个小时!"她匆匆忙忙把手臂伸进她最漂亮的丝绸衬衫里,冲向盥洗室。

她在里面梳理头发时比往常都紧张。她的倒影——还有水滴在上面——看起来非常年轻,红色的辫子挂在肩头。他会发现我只是一个女学生,她心想,但现在没时间打理了。查曼冲出盥洗室,又从同一扇门里退回来,往左转,来到温暖整洁的厨房。

水槽边现在靠着五袋衣服,但查曼没空想这些。瓦伊夫朝她冲过来,可怜兮兮地抽动着鼻子,又跑回壁炉边,火堆还雀跃地燃烧着。查曼正准备敲打壁炉要早餐,刚好发现瓦伊夫遇到的问题。瓦伊夫现在太小了,尾巴没法靠近壁炉。于是,查曼敲了敲壁炉,说:"狗粮,谢谢。"然后才为自己要了份早餐。

她坐在干净的桌子前匆忙吃着早餐,瓦伊夫则在她脚边迅速地吃完了自己的东西,查曼忍不住想着,厨房干净整洁点确实更舒服。彼得还是有些用的,她想着,又给自己倒了最后一杯咖啡。然后她又想到自己该敲一敲自己的手腕。于是她又知道了现在还有六分钟就要九点了,立刻惊慌失措地跳了起来。

"怎么会花了那么长时间?"她大声喊着,冲回卧室拿她的外套。

或许是因为她一边跑一边在穿外套,所以开门的时候转错了方向,她发现自己来到了一个奇怪的地方。那是一个长长窄窄的房间,周围全是管道,中间有一个巨大的、滴着水的水槽,上面还神秘地盖着一层蓝色的毛皮。

"噢,见鬼!"查曼说,又退回了门那边。

她又回到了厨房。

"至少我知道从这里怎么走。"她说着,从那里穿到客厅,然后奔向前门。走到门外,她差点踢到一瓶牛奶,那一定是给罗洛准备的。"他不配!"她说着砰的一声关上了前门。

她沿着前门的小路跑去,穿过被剪断的绣球花丛,走出大门外,门在她身后合上。然后,她慢下了脚步,不管皇室宅邸离这儿多远,跑过去都太愚蠢了,但她还是快步沿着小路走去,刚到第一个转弯处,她听到身后花园的门又关上了一次,查曼转过身。瓦伊夫奔跑着用最快的速度追了上来,查曼叹了口气,朝她走回去。看到查曼回来,瓦伊夫高兴得活蹦乱跳,发出快乐的叫声。

"不,瓦伊夫,"查曼说,"你不能跟来,回家去。"她坚决地指着威廉叔公的房子,"回去!"

瓦伊夫的两只耳朵都耷拉下来,坐在地上,乞求着。

"不行!"查曼命令道,又指了指房子,"回家!"

瓦伊夫趴到地上,装出可怜的样子,只有尾巴在晃动。

"噢,真的!"查曼说。瓦伊夫似乎坚决不肯从路中间离开,查曼不得不抱起她冲回威廉叔公的房子。"我没法带你去,"她一边走一边气喘吁吁地解释道,"我要去见国王,没人会带着狗去见国王的。"她打开威廉叔叔家的大门,把瓦伊夫扔在花园小径上:"就在这儿,现在,待着别动!"

她关上门,瓦伊夫脸上露出责备的表情,查曼又大步沿着小路走去。一边走,她又一边急切地敲了敲手腕,说:"时间?"不过,她离开了威廉叔公的范围,所以咒语并没有生效。查曼只知道时间很晚了,她开始小跑起来。

她身后,门又嘎吱打开了。查曼回头看到瓦伊夫又朝她奔了过来。

查曼呻吟着,转过身,跑回瓦伊夫边上,抱起她,又扔回花园里。"现在,做一只乖狗狗,待这儿别动!"她喘着气,又跑开了。

身后的门又开了,瓦伊夫又朝她跑来。"我要疯了!"查曼说。她回过头,第三次把瓦伊夫扔回花园里。"待在那儿,你这只小笨狗!"这一次她撒开腿朝城里跑去。

她的身后,门又响了,小脚掌啪嗒啪嗒沿着小路跑来。

查曼转过身,跑回瓦伊夫身边,大叫着:"噢,该死,瓦伊夫!我真的要迟到了!"这一次,她抱起瓦伊夫,带着她一起往城里赶,大喘着:"好了,你赢。我带你去,不然的话,我就要迟到了,不过我真的不想带你去,瓦伊夫!你明白吗?"

瓦伊夫很开心，扭动着挺起身舔着查曼的下巴。

"别，别这样，"查曼说，"我可不喜欢，我讨厌你，你真是惹人讨厌。别动了，不然我扔掉你。"

瓦伊夫躺进查曼的怀里，发出满意的叫声。

"唉！"查曼边说边赶路。

查曼经过悬崖凸出的部分时，本来想抬头看下会不会有卢博克从上面的草地冲下来，但她实在太着急，完全忘记了卢博克的事，只管赶路。让她非常惊讶的是，她刚绕过山腰，小镇仿佛就在她面前，她印象中并没有这么近。眼前是各种房子和塔楼，在清晨的阳光下闪着玫瑰色的光，仿佛近在咫尺。难道森布罗尼婶婶的马驹绕路了？查曼心里想着这些时，正经过第一排房子。

这条路穿过小河后通向了镇上，变得很脏。查曼记得镇上的这块边缘地区很乱很不舒服，于是便紧张地加快脚步。不过，尽管她路上见到的大多数人看起来确实很穷，但他们似乎都没有太注意查曼——就算注意，也是只注意到瓦伊夫，她总是好动地从查曼的怀里探头向外张望。"漂亮的小狗。"查曼经过时，一个拎着洋葱往市场去的妇人说道。

"漂亮的小怪物。"查曼说，那个妇人看起来很惊讶。瓦伊夫抗议地扭了扭身体。"对，你就是。"查曼对她说，她们走到了宽一些的街上，房子也变得漂亮一些。"你是恶棍，是骗子，你要是让我迟到的话，我永远也不会原谅你。"

她们来到市场时，镇上的大钟刚敲了十点。于是，查曼忽然不用着急了，反而开始想，要怎样在这段十分钟的路程上耗完那半小时，皇室宅邸就在下一个街角。至少她可以放慢脚步，让自己冷静下。此时，太阳已经从山间的雾气中露了出来，再加上瓦伊夫温暖的身体，查曼觉得自己热坏了。她绕道去了河流边的空地散散步，那条河的湍流一直通到城外的大峡谷，三间她最喜欢的书店都在这条路上。她推开其他散步的人群，急切地朝窗子里看。"好漂亮的小狗。"她经过时，有几个人这么说。

"哼！"查曼对瓦伊夫说，"他们什么都不知道！"

她来到皇室广场时，大钟刚好开始敲半点，查曼很高兴。但就在她穿过广场朝着钟声的方向走去时，却感觉有些不高兴，她也不再觉得热了。她感觉自己很冷，很渺小，微不足道，她感觉自己会来真是愚蠢，她是个傻瓜。他们看一看她就会让她走人，皇室宅邸房顶的金砖闪闪发光，让她感到炫目。她很高兴，瓦伊夫温暖的小舌头又开始舔她的下巴。她爬上阶梯，来到宅邸厚重的大门前时，感觉自己非常紧张，几乎想要转身逃走。

但她坚定地告诉自己，这是这世上她真正想做的事情——虽然我也不确定现在是不是还真的想做，她心想。而且每个人都知道屋顶的砖只是锡做的，靠魔法才看起来像是金子！她又想，同时抬起金色的门环，勇敢地敲了敲门。随后，她的膝盖害怕得开始弯曲，她在想自己是不是可以逃跑。她站在那里，颤抖着，紧紧抱着瓦伊夫。

开门的是一位很老很老的仆人。可能是总管，查曼心想，她想着自己以前在哪儿见过这位老人。我一定在上学路上碰到过他,她心想。"呃……"她说,"我叫查曼·贝克。国王给我写了一封信——"她一只手放下瓦伊夫,好从口袋里拿出信来,但还没够到信,老总管就把门完全打开了。

"请进,查敏小姐,"他用颤抖的声音说,"国王陛下正在等您。"

查曼发现自己走进皇室宅邸时,双腿几乎和老总管颤抖得一样厉害。他的背驼得很厉害,查曼颤抖着从他身边走过时,他的脸和查曼怀里的瓦伊夫一样高。

他用颤抖的手拦住了她:"请抱紧您的小狗,小姐。别让它在这儿乱跑。"

查曼感觉自己有些支支吾吾说不清楚话。"希望我带她进来没有问题,她会跟着我的,你放心,离开时我会带上她,一起离开,或者我——"

"那很好,小姐,"总管一边说,一边关上了大门,"国王陛下很喜欢狗。事实上,他还被咬过几次,就为了想和狗交朋友——好吧,事情是这样的,小姐,我们的拉其普特厨师养了一条狗,它很坏,据说它杀死过其他侵占它地盘的狗。"

"噢,天啊。"查曼弱弱地说。

"千真万确,"老总管说,"请跟我来,小姐。"

瓦伊夫在查曼的怀里扭动着,查曼把她抱得很紧,跟在总管身后一起走过一条宽敞的石头走廊,宅邸里很冷很阴暗。查曼惊奇地发现,这里到处都没有装饰,几乎看不出任何皇家气派,最多只有一两幅深色的绘画外面镶着古旧的金色边框。墙上到处都是巨大的白色方块,是画被取走后留下的痕迹,但查曼太紧张了,并没有在想这件事。她只感觉自己越来越冷,越来越瘦弱,越来越无足轻重,直到感觉自己就像瓦伊夫一样小。

总管停下脚步,吱吱呀呀地推开一扇巨大的橡木门。"尊贵的国王陛下,这里是查敏·贝克小姐,"他宣布着,"带着她的狗。"然后,他便摇摇晃晃走开了。

查曼也摇摇晃晃走进房间里。这么摇一定很惹眼!她心想,她也不敢行屈膝礼,以免自己的膝盖垮掉。

这间房间就是一个巨大的图书馆,昏暗的褐色书架向两边一字排开。旧书的气味平时是查曼喜欢的,但现在有些过头了。她的面前是一张巨大的橡木桌,上面堆着高高的书和成堆的古旧的、泛黄的纸,比较近的另一头有些新一点儿、白一点儿的纸。那一头还有三张巨大的雕花椅,围着一个铁篮子,里面是炭火。篮子下面像是铁盘,再下面是几乎已经磨坏的地毯,两位老人坐在其中的两把雕花椅子上。一位高大的老人长着修剪整齐的白胡子,查曼终于有勇气抬头看他,发现他的一对蓝眼睛很和蔼,带着皱纹。她知道,他一定就是国王。

"过来吧,亲爱的,"他对她说,"请坐下,把小狗放到火炉边上来。"

查曼试着遵照国王的吩咐做。让她感到欣慰的是,瓦伊夫似乎意识到在这里要注意举止。她端庄地坐在地毯上,有礼貌地晃动着她的尾巴。查曼坐在雕花椅的边上,全身都在颤抖。

"让我来为你介绍我的女儿,"国王说,"这是希尔达公主。"

希尔达公主也很老。如果查曼不知道她是国王的女儿的话，她或许会以为，公主和国王是一样的年纪。他们间最大的区别是，公主的皇家气派是国王的两倍。她和父亲一样身材高大，留着整齐的铁灰色头发，穿着一套粗呢套装，颜色朴实无华，查曼一看就知道这是一套很贵族的衣服。她的唯一首饰是一枚大戒指，戴在干瘦的手上。

"这真是一只可爱的小狗，"她说，声音有力而直率，"她叫什么名字？"

"瓦伊夫，公主殿下。"查曼结结巴巴地回答。

"你养她很久了吗？"公主问。

查曼能感觉到公主是想让她放松些，而这反而让她前所未有地紧张。"不是……呃……是那个，"她说，"事实上她是流浪狗。或者说……呃……威廉叔公说她是。而他应该也没有养她很久，因为他都不知道她是……呃……一只母……呃……我是说她是一个女生。威廉·诺兰，你们知道吗？巫师。"

听到这儿，国王和公主一起开口说道："噢！"国王又说："那你是威廉·诺兰的亲戚啰，亲爱的？"

"我们是老朋友了。"公主补充道。

"我——呃——他是我的森布罗尼婶婶的叔公。"查曼坦承道。

还好气氛变得友好得多。国王充满希望地说："我想你也不知道诺兰巫师现在的情况吧？"

查曼摇摇头，"确实，陛下，不过精灵们带他离开的时候，他看起来是病得很严重。"

"确实在意料之内，"希尔达公主说道，"可怜的威廉，现在，贝克小姐——"

"呃——呃——请叫我查曼。"查曼结结巴巴地说。

"好的，"公主回答，"不过我们现在要开始干正事了，孩子，因为我很快就要离开去接待第一位客人。"

"我的女儿会陪你一个小时左右，"国王说，"她会向你解释我们在这个图书馆里做些什么，以及你能帮我们些什么。因为我们从你的字迹上看来，你还很年轻——现在看来确实如此——可能没什么经验。"他向查曼露出了最迷人的微笑，说："我们真的非常感谢你愿意帮助我们，亲爱的，以前从来没有人想到过我们会需要帮助。"

查曼感觉自己的脸上很热，她知道自己脸一定很红。"不客气，陛下——"她尽量压低嗓音说。

"把你的椅子拉到桌子边上来，"希尔达公主打断了她的话，"我们要开始工作了。"

查曼站起身，把笨重的椅子拉了过来，国王亲切地说："希望旁边的火盆不会让你觉得这里太热。现在是夏天，可老年人还是觉得冷。"

查曼的神经还处在冻僵的状态。"没关系，陛下。"她说。

"至少瓦伊夫很开心。"国王说着，伸出粗糙的手指。瓦伊夫在地上翻了个底朝天，四肢在空中摇摆，凑着火盆的热量取暖，她看起来比查曼开心得多。

"我们要工作了，父亲。"公主严肃地说。她拿起挂在脖子上的眼镜，戴在她那极具贵族气质的鼻梁上，国王也拿起一副夹鼻眼镜，查曼则戴上她自己那副。要不是她紧张过头的话,她一定会嘲笑一下他们这几个人都要先戴眼镜这件事。"现在,"公主说,"这个图书馆里有书、信件、羊皮纸卷。经过毕生努力,父亲和我整理分类了大约一半的书籍——根据书名和作者名字排列——给每一本书编了号,还为每一本书摘录了一段内容简要。父亲还在继续做这件事,而你负责我原来的主要任务,把书信和纸卷分类,我刚开了个头,这是我列的清单。"她打开一个文件夹,里面的纸上满是密密麻麻优雅的字体,公主把其中一张摊开在查曼面前。"如你所见,我列了几个大标题:家庭书信、家务记录、历史档案等等。你的任务是浏览每一堆信件,弄清楚每一封的内容,然后在相应的标题下面写一段简述,然后再把信小心地放到那些有标签的盒子中,这样说清楚了吗?"

查曼凑上前看了眼那张字迹漂亮的列表,害怕自己显得太愚蠢。"那如果,"她问,"有些信件我不知道该归类到哪个标题下该怎么办,女士?"

"很好的问题,"希尔达公主回答,"我们正希望你能找到许多无法分类的信,如果你找到的话,立刻去问我的父亲,那些信可能很重要,如果最后发现并不重要的话,那就放到那个写着'其他'的盒子里。现在,这是你要看的第一堆信件。你整理的时候,我会在旁边看着,看你是否顺利,这里是用来记录的纸,笔和墨水在这儿,开始吧。"她把一叠有些破损泛黄的信推到了查曼面前,信件外面捆着粉色的带子,公主自己坐回椅子上观察起来。

我从来没遇到过这么令人困惑的事情!查曼心想。她颤抖着解开粉色的结,试着把里面的信件展开。

"拿信的时候,拿两个对角,"希尔达公主说,"不要推。"

噢,天啊!查曼心想。她看了看边上的国王,他拿起一本看起来破旧的软皮封面书,小心地翻阅着。这才是我本来想做的事情,她心想。她叹了口气,小心翼翼地展开第一封脆弱的信件。

"我最亲爱的、迷人的、美丽的可人儿,"她读道,"我万分想念你……"

"嗯,"她对希尔达公主说,"有专门的盒子放情书吗?"

"有的,"公主说,"这个,记录下日期,还有写信人的名字——这封信是谁写的来着?"

查曼看看信的末尾,"嗯,署名是'大海豚'。"

国王和公主同时说:"好吧!"然后笑一笑,国王笑得尤其开心。"那是我父亲写给母亲的,"希尔达公主说,"我的母亲多年前去世了,不过没关系,在你的清单上记录下来吧。"

查曼看着这张泛黄脆弱的信纸,想着这一定是很多很多年以前的。她很奇怪,国王似乎并不介意她读这些信,不论是他还是公主,似乎一点儿都不担心。或许皇室的人与众不同吧,她心想,开始继续看下一封。开头是"亲爱的小肥肥"。噢,好吧,她继续完成自己的任务。

过了一会儿,公主站起身,把她的椅子小心地推回桌子边。"你很适合这份工作。"她说,"我得走了,我的客人很快就到,我还是想要问问她的那个丈夫,父亲。"

"不可能的,亲爱的。"国王一边说,一边继续做着笔记,没有抬头,"毫无可能,他是别人的皇家巫师。"

"噢,我知道,"希尔达公主说,"不过我也知道英格里有两个皇家巫师,而我们可怜的威廉却病了,说不定还会死掉。"

"人生从来都不公平,亲爱的。"国王一边说,一边还是拿着羽毛笔奋笔疾书,"而且,威廉的进展也没我们顺利。"

"我也想到了,父亲。"希尔达公主说完离开了图书馆,大门在她身后重重地合上。

查曼又继续看她的下一堆信,装作没有在听他们的谈话。那像是很私密的谈话。这堆信似乎捆在一起很长时间了,每一张都粘在一起,干枯发黄,像查曼曾经在家里阁楼上发现的蜂巢。于是她开始忙着一层层分开这些信。

"嗯。"国王开口了。查曼抬头发现他在对自己微笑,羽毛笔停在空中,目光从眼镜的上方看着她。"我知道你是个聪明的姑娘,"他说,"你一定从我们刚才的对话中发现了我们——和你的叔公一起——在找什么重要的东西。我女儿列出的标题会给你一些线索,告诉你我们在找什么。你要注意的关键词是'宝藏''收入''金子''半精灵',如果你看到信中提到上面的字眼,请立即告诉我,亲爱的。"

想到要寻找那么重要的东西,这让查曼捏着这些脆弱信纸的手指更加冰凉、笨拙。"好的,当然,陛下。"她回答。

让她欣慰的是,那堆信只是一些物品和价格的列表——看起来都很便宜。"十磅蜡烛,每磅二便士,共二十便士。"她读着。好吧,确实像是两百年前的。"六盎司优质番红花,共三十便士。九棵芳香苹果木,用于主客厅,四分之一便士。"诸如此类的。后面一页满是这样的内容:"四十臂长的亚麻布帘,共四十四先令。"查曼仔细做完笔记,把这些纸都放进写着"家务记录"标签的盒子里,然后又掀开下一张。

"噢!"她感叹道。下一张上写着:"梅里柯巫师,施魔法将一百平方英尺的锡砖变成金色屋顶,共支付两百基尼金币。"

"那是什么,亲爱的?"国王问道,停下自己的活,用手指标记着自己看到的书里的位置。

查曼把这张古老的账单读给他听。他偷偷笑着,摇了摇头。"那一定是魔法变的,对吧?"他说,"坦白说,我一直希望那会是真的金子,你也会吧?"

"是的,不过这看起来真的很像金子。"查曼安慰他说。

"那魔法也是真的很棒,已经两百年了,"国王说着点点头,"也很贵,两百基尼在那时可是一大笔钱。啊,好吧。我从来没想过要那样解决我们的经济问题。而且,要是我们爬上去把所有金砖都从屋顶上扒下来,那也很可怕。继续看吧,亲爱的。"

查曼继续看下去,但她也只看到有人给花园种上玫瑰,得到了两基尼。另一个人整修宝库,得到了十基尼——不对,不是另一个人,就是变出金屋顶的那个梅里柯巫师!

"梅里柯专门擅长干这个,我很喜欢。"听到查曼读的内容,国王说,"对我来说,他就像是个专门伪造珍贵金属的家伙。当然,宝库那时就已经空了。我很多年前就知道自己的皇冠是假的,一定也是这个梅里柯干的。你饿了吗,亲爱的?感觉冷到僵硬了吗?我们一般不吃午餐——我的女儿不喜欢——

不过我通常还是会让总管在这个时间送些点心过来。不如站起来伸伸腿脚，我按铃叫他们上点心。"

查曼站起身在四周走了走，瓦伊夫在她脚边滚动，好奇地看着她，而国王慢慢走到门边，拉了拉系着铃铛的绳子。他太虚弱了，查曼心想，但却很高，似乎对他自己来说都有些太高了。在等着有人闻声而来的同时，查曼抓紧机会看了看书架上的书。那些书似乎有各种方面的，乱七八糟堆着，旅游书边上是代数书，诗集边上是地理书。查曼刚翻开一本叫作《宇宙揭秘》的书，图书馆的门就打开了，一个带着高高的厨师帽的男人端着盘子走进来。

让查曼奇怪的是，国王迅速走到了桌子后面。"亲爱的，把你的狗抱起来！"他急忙吩咐道。

另一只狗走了进来，紧靠着厨师的腿，仿佛很不安，那是一条愁眉苦脸的棕色犬，两只耳朵不太对称，尾巴也破破烂烂。进来的时候，它一直在吠叫。查曼以为那就是那条杀死过其他同类的狗，于是冲过去抱起了瓦伊夫。

不过，瓦伊夫却从她的怀里跳了下去，朝厨师的狗奔过去，那只狗开始大叫起来，消瘦的背上毛也竖了起来。它看起来很可怕，查曼不敢靠近。而瓦伊夫却似乎一点儿都不怕，她快乐地径直跑到大叫的狗身边，用后腿站起来，用自己的鼻子轻轻碰了碰它的鼻子。那只狗开始后退，令人奇怪的是，它停止了吠叫。随后，它竖起了两只粗笨的耳朵，也小心地用鼻子蹭了蹭瓦伊夫。瓦伊夫激动地叫了起来，蹦跳雀跃。接着，两只狗一起在图书馆中四处愉快地嬉戏跑跳。

"好了！"国王说，"我想一切都好了，这算怎么回事，贾迈尔？为什么是你，而不是西姆？"

查曼看到，贾迈尔只有一只眼睛，他满面歉意地走过来，把托盘放在桌子上。"公主把西姆叫走去接待客人了，陛下，"他解释，"只剩下我来送餐点，我的狗也要跟来。我想，"他看着两只活蹦乱跳的狗，继续说，"我的狗从来没有那么开心过。"他向查曼鞠了个躬，"请常常把您的小白狗带来玩，查敏小姐。"

他朝自己的狗吹了声口哨，狗装作没听到。他走到门边，又吹了一声。"有吃的，"他说，"来吃乌贼。"这次，两条狗一起跑了过去。让查曼又惊又慌的是，瓦伊夫跟着厨师的狗走到了门外，门还在他们身后关上了。

"不用担心，"国王说，"他们好像是朋友，贾迈尔会送她回来的。贾迈尔是个很可靠的家伙，要不是因为他的狗，他就是最完美的厨师，我们来看看他送来什么了，好吗？"

贾迈尔送来的是一罐柠檬水，还有一大盘用一块白布盖着的酥脆的棕褐色的东西。"啊！"国王说，随后急切地掀起布来，"趁热来吃一块，亲爱的。"

查曼欣然接受。她刚咬了一口，就确信贾迈尔是个好厨师，厨艺甚至比她的父亲还棒——贝克先生可是镇上公认的最好的厨师。这个棕褐色的食物非常脆，同时又很松软，有一种查曼从未尝到过的温热的口感，吃完这个你会想喝柠檬水的。她和国王一起吃光了整盘食物，又喝完了柠檬水。随后，他们就又回去干活了。

那时,他们间的关系已经非常像朋友了。查曼现在也不会害羞,会问国王各种她想知道的事情。"他们为什么需要两罐玫瑰花瓣,陛下?"她问,国王回答:"那时候他们喜欢在用餐时脚下铺满花瓣,在我看来,这习惯太麻烦了。听听看这个哲学家对骆驼的评价,亲爱的。"说完,他便读起书里的一段话,然后两个人一起哈哈大笑,这个哲学家和骆驼的关系显然不太好。

过了很久,图书馆的门又开了,瓦伊夫走了进来,看起来很高兴。她的身后跟着贾迈尔。"公主有消息给您,陛下,"他说,"夫人已经安顿好了,西姆正在端茶去前厅。"

"啊,"国王说,"有煎饼?"

"还有松糕。"贾迈尔说完便离开了。

国王合上书,站起身。"我还是去和我们的客人打个招呼。"他说。

"那么我继续整理账单,"查曼说,"有问题的我会堆在一边。"

"不,不,"国王说,"你也一起来,亲爱的,带上小狗,你来可以减少尴尬。那位夫人是我女儿的朋友,我自己从来没见过她。"

查曼又立刻感到高度紧张。她感觉希尔达公主令人生畏,身上的贵族气质令人难以放松,而她的朋友很可能也一样。但她难以拒绝,国王正期待地为她开着门。瓦伊夫已经跟在他身后走了过去。查曼不得不站起来,也跟了过去。

前厅非常巨大,里面满是褪色的沙发,扶手已经有些磨损,边缘也很破旧。墙上有更多的白色方框,那里原来一定挂着画。最大的一个方框在大理石壁炉的上方,让查曼感到很欣慰的是,里面正点着火。前厅和图书馆里一样很冷,查曼的神经又感觉冻僵了。

希尔达公主直挺挺地坐在壁炉边的沙发上,西姆刚推着一个大大的手推车过去。查曼看到推着推车的西姆,就想起来她在哪里见过他。那是她在会议厅边迷路时看到的老人,当时他推着一辆推车经过一条奇怪的走廊。太奇怪了!她心想。西姆正颤抖着把一盘涂着黄油的煎饼放进炉子。一看到那些松饼,瓦伊夫的鼻子就开始抽动,朝着它们冲过去。查曼刚好一把抓住她,双手紧紧抱着扭动的瓦伊夫,站在那里。此时,公主说:"啊,我的父亲,国王陛下。"客厅里的人都站了起来。"父亲,"公主说,"让我来向您介绍我的好朋友,苏菲·潘德拉贡夫人。"

国王慢慢走上前,伸出手,这让这个大房间瞬间看起来小了许多。查曼之前还没有意识到他有那么大。和那些精灵们一样高吧,她心想。

"潘德拉贡夫人,"他说,"很高兴见到您,我女儿的朋友,也就是我的朋友。"

潘德拉贡夫人让查曼很吃惊。她很年轻,比公主年轻很多,穿着很时髦的孔雀蓝衣服,衬托出她那一头金红色的头发,再配上她蓝绿色的眼睛,简直完美。她太可爱了!查曼心想,心里有些羡慕。潘德拉贡夫人和国王握手时,行了屈膝礼,并说道:"我会尽力帮忙的,陛下,但我也没法保证。"

"很好,很好,"国王回答,"请坐吧,大家都请坐,让我们一起喝杯茶。"

大家都坐了下来，一场礼貌、殷勤的对话便就此开始了，而西姆则摇摇晃晃地为大家端上茶杯，查曼感觉自己像个完全的局外人。她感觉自己不该来这儿，她一个人独自坐在最角落里的沙发上，努力观察着其他的人。瓦伊夫安静地坐在查曼旁边的沙发上，看起来很腼腆。她的眼睛敏锐地盯着那位端煎饼的先生。那位先生很安静、很不显眼，查曼刚把眼睛移开便忘了他的长相，必须再看看他才能想起来。另一位先生即便在说话时，嘴巴也感觉是合着的，她推测那是国王的大臣。他似乎有许多秘密的事情要对潘德拉贡夫人说，夫人一直在不断点头——还时不时眨下眼睛，仿佛大臣说的话让她很惊讶。另一位夫人看起来年纪长一些，像是希尔达公主的侍女，很擅长聊天气。

"今晚要是不下雨，我也不会感到奇怪的。"她说。此时，那个不太显眼的先生走到了查曼身边，给她一块煎饼。瓦伊夫的鼻子渴望地跟着盘子转来转去。

"噢，谢谢。"查曼一边说，一边很高兴他没有忘记自己。

"拿两块吧，"那位不显眼的先生说，"国王陛下一定会把剩下的都吃完。"国王当时正吃着两块松糕，两块叠在一起，同时还和瓦伊夫一样急切地看着煎饼。

查曼再次感谢了那位先生，拿了两块煎饼，那是她见过的涂了最多黄油的煎饼，瓦伊夫用鼻子轻轻地敲了敲查曼的手。

"好了，好了。"查曼低声说，小心地掰下一块，努力不让黄油滴下来弄到沙发上。黄油从她的手指上淌下来，差点滴在她的袖子上,她想用手帕擦掉。此时,那位侍女似乎聊完了天气,开始转向潘德拉贡夫人。

"希尔达公主告诉我,你有一个很迷人的儿子。"她说。

"是的,他叫摩根。"潘德拉贡夫人说,她似乎也弄上了黄油,正用手帕在擦手指,看起来有些慌乱。

"摩根现在多大了,苏菲?"希尔达公主说,"上次见到他时,他还只是个婴儿。"

"噢——差不多两岁了。"潘德拉贡夫人回答,擦掉了一大滴金闪闪的黄油,没让它落在裙子上,"我把他留给了——"

客厅的门开了。走进来一个胖胖的小男孩,穿着一件脏兮兮的外套,脸上流着泪水。"妈妈——妈妈——妈妈!"男孩一边哭,一边摇摇晃晃走进房间。但他一看到潘德拉贡夫人,脸上就露出了笑容。他张开双臂向她跑去,把脸埋进她的裙子里。"妈妈!"他叫着。

跟在后面跑进来的是一个看起来很激动的蓝色生物,形状像一滴长长的、长着脸的泪珠,他像是火焰构成的。他给房间带来一阵暖意,也让房里的每个人都惊慌地倒抽一口气。后面还跟着一个更加激动的女仆,一起冲了进来。

女仆身后,跟着一个小男孩,那是查曼见过最像天使的小孩。男孩长着一头金色卷发,白里透粉的面孔像极了天使,一双大大的蓝眼睛显得非常腼腆。动人的双颊下是一条很白很白的褶边领口,小小的优雅的身体穿着一件淡蓝色的天鹅绒外套,上面镶着大大的银纽扣。他走进来时,那张如花蕾般的粉色小嘴绽放出害羞的微笑,脸颊上露出迷人的酒窝。查曼不明白，为什么潘德拉贡夫人会如此惊恐地瞪着他。那真是个令人心醉的小孩，那睫毛好长好卷！

"——我的丈夫和他的火魔照顾。"潘德拉贡夫人把话说完。她的脸变得火红火红，越过摩根的头瞪着那个小男孩。

第八章

彼得修水管时遇到麻烦

"噢,夫人,陛下!"那位女仆气喘吁吁地说,"我只能让他们进来,那个小孩太会闹了!"

屋里的人充满了疑惑。每个人都站了起来,有人的茶杯还掉了下去。西姆冲过去想接住杯子,而国王探身过去想拿煎饼盘子。潘德拉贡夫人手里抱着摩根站了起来,还是瞪着小男孩看,而那个蓝色的眼泪状生物闪到了她面前。"那不是我的错,苏菲!"他不断解释,声音激动得像是爆裂声,"我发誓这不是我的错!我们没法让摩根停止哭泣。"

希尔达公主平静地站起来。"你可以出去了。"她对女仆说。"大家都不必担心。苏菲,亲爱的,我不知道你没有请奶妈。"

"确实,我没有,不过我也想好好休息下,"潘德拉贡夫人说。"你会以为,"她继续说道,还是瞪着那个像天使般的小男孩,"巫师和火魔能照顾一个小孩。"

"男人啊！"公主说，"我是不知道男人还能照顾好任何东西。当然，摩根和那个小男孩也是我们的客人，既然他们都进来了，火魔想要坐在哪儿呢？"她转向那个不太显眼的先生，问道。

"我只要有一堆木头生的火就满意了，"火魔噼噼啪啪说，"我看到这间屋里就有，有那个就可以了。另外，我叫卡西法，夫人。"

公主和那位不显眼的先生看起来都松了口气。公主说："当然可以，我想我们两年前在英格里见过。"

"那另外这位小朋友呢？"国王和蔼地问。

"索菲系我姑姑。"小男孩用甜美却口齿不清的声音回答，抬起他那天使般的脸庞，用一双大大的蓝眼睛看着国王。

潘德拉贡夫人看起来很生气。

"很高兴见到你，"国王说，"你叫什么名字呢，小朋友？"

"闪闪。"小男孩轻声说，害羞地低下了头，金色的卷发依旧迷人。

"来吃块煎饼吧，闪闪。"国王热情地说着，把盘子递了过去。

"靴靴（谢谢）。"闪闪感激地回答，拿起一块煎饼。

这时，摩根也蛮横地伸出他肥嘟嘟的小手，叫道："我，我，我！"直到国王也给了他一块煎饼。潘德拉贡夫人把摩根放到了沙发上，让他吃完。西姆看了看，机灵地从推车上拿来一块布，那块布很快便吸满了黄油。摩根抬头望着西姆、公主、侍女和大臣，眉开眼笑，脸上像是闪着光芒。"煎饼，"他说,"好吃的煎饼。"

与此同时,查曼发现潘德拉贡夫人正把闪闪藏到她的沙发后面。她无意中听到潘德拉贡夫人在问:"你知道你在做什么吗,哈尔?"她听起来很凶,以至于瓦伊夫跳到了查曼的膝盖上,蜷缩成一团。

"他萌忘了邀请窝了,"闪闪用甜美的声音回答,"这太愚蠢了,李一锅人没法处理这些麻烦,索菲,李需要窝。"

"不,我不需要!"苏菲反驳道,"而且你需要故意那么口齿不清吗?"

"系的。"闪闪回答。

"噢!"苏菲说,"这一点儿也不好玩,哈尔,而且你还把摩根带过来——"

"告诉你,"闪闪打断了她的话,"从你离开后摩根就哭个没停,如果你不信就自己问卡西法!"

"卡西法可跟你一样坏!"苏菲激动地说,"我不相信你们两个不能阻止他,你不过是找借口想乔装来见希尔达公主!"

"她需要我们,苏菲。"闪闪认真地说。

查曼入迷地听着他们的对话,但不幸的是,摩根回头找他母亲时,看到了瓦伊夫在查曼膝盖上颤抖。他大叫着"小狗",然后从沙发上跳了下来,还踩到了那块布。他伸着两只沾满黄油的手朝瓦伊夫跑来。瓦伊夫绝望地跳到了沙发靠背上,站在那里汪汪直叫,那叫声就像有人用尖嗓在干咳。查曼不得不抱起瓦伊夫往后退,不让摩根抓到,于是接下来那段奇怪的对话,她就只听到潘德拉贡夫人说什么要把闪闪(还是他其实叫哈尔？）送去睡觉，不给他吃晚饭，而闪闪则怂恿她去"试试看"。

瓦伊夫安静下来后，闪闪忧愁地说："你不觉得我现在非常漂亮吗？"

屋里传来一记奇怪的重击声，潘德拉贡夫人仿佛已经忘记了礼仪，居然跺起了脚。"是啊，"查曼听到她说，"漂亮得让人恶心！"

"好了。"希尔达公主边说，边走到火炉边。查曼还在继续后退躲避着摩根。"有孩子在身边总会觉得生气勃勃，西姆，给摩根拿块松糕，快点。"公主说。

摩根立刻调转了方向，朝着西姆和松糕跑去，查曼听到自己的头发在吱吱作响。她回过头，发现火魔从她的肩头浮现，用燃烧的橘红色双眼看着她。

"你是谁？"火魔问。

查曼的心在怦怦直跳，而瓦伊夫似乎非常镇定。要不是我之前碰到过卢博克，查曼心想，那我会对这个卡西法非常害怕的。"我……呃……我是临时来图书馆帮忙的。"她说。

"那我们待会儿要和你谈谈，"卡西法又发出噼啪的爆裂声，"你身上散发着魔法的气味，你们知道吗？你和你的狗。"

"她不是我的狗，她属于一个巫师。"查曼说。

"那个总会把事情搞得一团糟的诺兰巫师？"卡西法问。

"我不觉得威廉叔公把事情搞糟了，"查曼说，"他很受人尊敬！"

"他似乎总是找错了地方，"卡西法说，"不一定要使坏才会把事情搞糟,看看摩根。"说完他便飘走了。他真有办法,查曼心想,从一个地方消失,再从另一个地方出现,就像在池塘点水的蜻蜓。

国王来到查曼面前,高兴地在一块大餐巾上擦擦手,"该回去干活了,亲爱的,我们要在夜晚来临之前整理一下。"

"是啊,当然,陛下。"查曼说着跟在他身后朝门口走去。

他们还没到门口时,那个天使般的闪闪却从愤怒的潘德拉贡夫人那里逃了出来,拉了拉侍女的袖子。"请问,"他用迷人的声音问道,"你们有什么玩具吗?"

侍女看起来不知所措。"我不玩玩具的,亲爱的。"她说。

摩根听到她说的话,"玩具!"他一边叫着,一边摇晃着双臂,一只手上还抓着一个黄油松糕,"玩具,玩具,玩具!"

一个玩偶盒落在摩根的面前,盖子忽然打开,玩偶嘣地一下从里面弹出来。一座巨大的玩具房子落在它的旁边,随后又落下许多很旧的泰迪熊。过了一会儿,一座简陋的石房子在茶餐车边拔地而起,摩根高兴地大叫着。

"就让我的女儿去应付她的客人吧。"国王一边说,一边带着查曼和瓦伊夫走出了大厅。他关上门的时候,越来越多的玩具从天而降,而那个叫闪闪的小孩还是非常腼腆,其他人则慌乱地在屋里到处乱跑。"巫师总是些精力旺盛的客人,"走回图书馆的路上国王评价道,"虽然我倒不知道他们怎么那么年轻就做巫师了,我想,这对他们的母亲来说有些挑战。"

半个小时后,查曼走在了回威廉叔公家的路上,瓦伊夫在她身后啪嗒啪嗒跑着,感觉和那个叫闪闪的小孩一样腼腆。

"哇！"查曼对她说，"你知道吗，瓦伊夫，我从来没有在一天里经历过那么多的事情！"她感觉意犹未尽。国王让她负责账单和情书确实有他的道理，但她还是希望能和他轮流负责书籍。她会很高兴哪怕只是翻几页老旧、发霉的皮面书。那是她原来希望的。不过没关系，她回到威廉叔公家，就能继续埋头看她的《十二岔魔杖》了，或者那本《驱魔师回忆录》更好，因为似乎这种书白天看会更高兴，或者干脆找本完全不同的书？

她一直憧憬着美好的阅读时光，甚至都没有注意脚下的路，不过她还是注意到瓦伊夫跑得越来越喘，越来越吃力，于是就把她抱了起来。她怀里抱着瓦伊夫，一脚踢开威廉叔公家的大门，发现自己正面对着小径上的罗洛，他蓝色的小脸上还是皱皱的。

"现在又怎么了？"查曼对他说，心里真的在想要不要拎起罗洛扔进绣球花丛里。罗洛很小，很容易抛，就算她一只手抱着瓦伊夫也行。

"那些你堆在外面桌上的花朵，"罗洛说，"你是希望我把它们粘回去吗，还是别的什么？"

"不，当然不是，"查曼回答，"我让它们在阳光下晒干，然后我会拿进屋里。"

"哈！"罗洛说，"拿进去装饰吗？你怎么会觉得巫师会喜欢这个？"

"与你无关。"查曼傲慢地回答，大步向前走去，逼着罗洛从她的路上离开。她开门时，罗洛在身后喊着什么，但她没在意听,她知道不是什么好话。在他的嘶喊声中,她砰的一声摔上了门。

屋子里,客厅的气味已经不只是发霉的味道,而像是一个发臭的池塘。查曼把瓦伊夫放到地上,充满疑惑地嗅了嗅,瓦伊夫也嗅了嗅,厨房的门下面有什么长条的棕褐色的东西在流出来,瓦伊夫蹑手蹑脚地走了过去。查曼也一样小心翼翼地踮起脚尖戳了下最近的一条棕色细流,那触感像是沼泽。

"噢,彼得在干什么?"查曼惊叫着,她用力打开门。

两寸高的水在厨房地板上翻滚,已经渗透进了水槽边的六袋衣服里。

"天啊!"她大叫,甩上门,又打开,左转。

走廊完全浸在水中。尽头窗户外洒进的阳光在水面上摇曳,看起来巨大的水流是从盥洗室流出来的。查曼生气地踩着水过去。我想要的只是坐下来看本书!她心想,回来却看到家里发大水!

她走到盥洗室时,瓦伊夫在她身后痛苦地划着水,盥洗室门打开,彼得从里面冲了出来,胸前湿透,看起来非常疲惫。他没有穿鞋,裤子卷到了膝盖处。

"噢,太好了,你回来了。"还没等查曼开口,他就说道,"这里的一根管子有个洞,我尝试了六种不同的咒语想把洞堵上,但这些咒语却只是让那个洞不停移位,我正打算去那个毛茸茸的水槽那里把水关上——就算试试看吧——不过也许你有更好的办法。"

"毛茸茸的水槽?"查曼说,"噢,你是说那个盖着蓝色毛皮的？你怎么会以为这有用？这里到处是水！"

"那是我唯一没试过的办法了，"彼得对着她大叫，"水一定是通过某种方法从那里过来的，你可以听到那里在滴水，我想我该去找个活塞——"

"噢，你真没用！"查曼也对着他大吼，"让我来看。"她把彼得推到一边，冲进盥洗室，边走边溅起大片水花。

真的有一个洞。洗脸盆和浴缸之间的一根水管上有一条狭长的裂缝，水从裂缝里飞溅出来，把盥洗室变成了一个愉快的喷水池。水管上到处可以看到灰色的像是魔法痕迹的斑点，一定是彼得那六条没用的咒语干的。这一切都是他的错！她在心中怒吼，是他把水管搞得通红。噢，真见鬼！

她冲到溅着水的裂缝前，生气地用两只手堵住。"停下！"她命令道，水从她手边继续向外飞溅，还溅到她脸上，"立刻停下！"

可是，裂缝只是从她指缝下往旁边移动了六英寸，水花溅到她的辫子上和她右边的肩膀上。查曼两只手又一起盖上去，"停下！停下！"

裂缝又往旁边移动了一些。

"你非要这么闹下去吗？"查曼对裂缝说，手又盖上去。裂缝又移开了，她的双手跟了上去。过了一会儿，她把裂缝赶到了浴缸的上面，于是水溅到浴缸里，从下水口里流走了。她用一只手堵住水管，把裂缝困在那里，同时想着下一步的办法。我想彼得就没这么想过，她暗暗地抱怨着，只会到处乱施没用的咒语。"威廉叔公，"她大叫，"怎么堵住盥洗室水管的漏水？"

没有回答，显然威廉叔公不会想到查曼会需要知道这样的事情。

"我觉得他不怎么会修水管之类的事情，"彼得站在门口说，"箱子里也没什么有用的东西，我全都翻出来看过了。"

"噢，是吗？"查曼愤懑地回答。

"是的，里面有些东西真的很有趣，"彼得说，"我来告诉你，如果你——"

"安静，让我想想！"查曼朝他大喊。

彼得也许意识到了查曼心情不怎么好。他没有继续说下去，而是等在一边，而查曼站在浴缸里，靠在水管上思考着。要从两边堵住漏水的地方，这样它就不能再移动了。先把它固定在一个地方，然后再堵住它。但要怎么做呢？快想，不然我的双脚要完全浸湿了。"彼得，"她说，"去拿些抹布过来，至少要三块。"

"为什么？"彼得说，"你不觉得——"

"马上去！"查曼说。

让她欣慰的是，彼得终于蹚着水走开了，嘴里念叨着什么坏脾气的大胖猫，查曼装作没听到。同时，她也不敢放跑那条裂缝，水还是继续从里面溅出来，她越来越湿。噢，该死的彼得！她把另一只手放到裂缝的另一端，开始尽力并拢双手。"合上！"她对水管命令道，"停止漏水，快合上！"水还是汹涌地喷到她脸上。她感觉裂缝在试图躲开，但她就是不让它逃跑，她双手用力推啊推。我可以用魔法！她心里想，我要念咒语了，我能让你合上！

居然起作用了。彼得吃力地蹚着水回来，只带着两块布，说他只能找到这些，此时，查曼已经连内衣都湿透了，不过水管终于不漏了。查曼接过布，缠住水管上端裂缝原来的位置，打上结。她又从浴缸边抓起长柄刷——这是她能见到的最接近巫师魔杖的东西——敲了敲布。

"待在那儿，不许动！"她对布说。她又敲了敲已经修补上的裂缝。"你也乖乖合上，"她对它说，"不然你会更惨！"随后，她又用刷子指着彼得的咒语留下的灰色斑点，敲敲它们。"走开！"她对它们说，"走开！你们太没用了！"于是它们都乖乖消失了。查曼兴奋地感觉到自己拥有了强大的力量，又敲了敲膝盖边的热水管。"重新变热，"她对它说，"别再胡闹了！还有你，"她又继续说，伸过手敲了敲脸盆上的热水龙头，"都变热起来——不过别太热，不然有你们好受。""还有你们，还是继续流冷水。"她对冷水龙头一边说，一边拍拍它们。最后，她走出了浴缸，还溅起许多水花，她敲了敲地上的水，"你们也消失！快点，变干，把水排光。快！不然收拾你！"

彼得走到脸盆边，打开热水龙头，把手伸到下面。"是热的！"他说，"你真的办到了！太好了，谢谢。"

"呵呵！"查曼说，又湿又冷，很不开心，"现在我要去换一身干衣服，去看书了。"

彼得可怜地问："你不来帮忙打扫吗？"

查曼不明白为什么她应该来。她低头看看可怜的瓦伊夫，瓦伊夫奋力朝她游过来，水在她身下拍打。那个刷子好像对地板没有效果。"好吧,"她叹口气,"但我已经工作一整天了,你知道吗?"

"我也是,"彼得激动地说,"我一整天都在忙着想堵住水管,我们至少把厨房弄干吧。"

火还在厨房的炉架上跃动着,发出噼里啪啦的声音,弄得厨房就跟蒸汽盥洗室差不多。查曼蹚过温暖的水,去把窗户打开。那些莫名其妙不断增加的脏衣袋已经湿透了,不过除了地板,其他地方还都是干的。其中包括那个箱子,摊放在桌上。

在查曼身后,彼得说着奇怪的话,而瓦伊夫低声吠叫着。

查曼回过身,看到彼得伸着双臂。一团小火球在他手上闪烁,从手指一直扩展到肩头。"干涸吧,噢,地上的水啊!"他念诵着。火焰开始蔓延到他的头发,蔓延到他潮湿的胸口以下,他的表情不再扬扬得意,而是机警起来。"噢,天啊!"他说着,火焰已经蔓延到他全身,开始剧烈燃烧起来。于是他看起来非常恐惧,"太烫了!救命!"

查曼冲到他面前,抓住他一条炙热的手臂,把他推倒在地上的水中,这完全没有用。查曼盯着眼前闪烁的火焰在水下依旧燃烧,热腾腾的气泡从彼得周围飞起,水也开始沸腾,让他很快又洗了一场热水蒸汽浴。"快停止!"她大叫道,手从他滚烫的袖口上抽离。"你用了什么咒语?"她问。

"我不知道怎么停!"彼得哭叫着。

"什么咒语?"查曼对着他大吼。

"是《羊皮纸书》里让大水停止的咒语,"彼得含糊不清地说,"我不知道怎么让它停下。"

"噢,你这个蠢货!"查曼大叫。她抓着他燃烧着的一侧肩膀,摇晃着他。"停下,咒语!"她大叫,"噢!咒语,我命令你立刻停止!"

咒语听从了她的命令。查曼站在原地,甩着她快烧焦的手,看着火焰在一阵嗞嗞声中消失,变成一股蒸汽,只留下一阵潮湿的、烧焦的气味。彼得看起来全身焦黄,还发出吱吱的声音。他的脸和手都是亮红色,而头发显然短了许多。"谢谢!"他说,一边拍打着,一边松了一口气。

查曼把他拉起来:"噗!你闻起来就是一股焦发的味道!你怎么可以那么蠢!你还用过什么咒语?"

"没有了。"彼得回答,同时整理着头发烧焦的部分。查曼很肯定他在撒谎,就算他用过,他也不会承认。"而且这也没那么蠢,"他争辩道,"看看地上。"

查曼低头看到水已经几乎干了。地上又一次露出地砖,还很潮湿,泛着光,冒着蒸汽,但不再被水淹了。"那算你运气好。"她说。

"一直如此,"彼得说,"只要我念错咒语,我母亲就会这么说,我想我必须去换套衣服。"

"我也是。"查曼说。

他们穿过里面的门,彼得想要右转,而查曼把他推向了左边,于是他们径直来到了客厅。潮湿的地毯上冒着蒸汽,很快便干了,但房间的气味还是很可怕。查曼闻了闻,推着彼得转过身,又推开门往左转。走廊还是很潮湿,但不再淹满水了。

"看到了吗?"彼得一边说,一边往卧室走去,"确实有用。"

"呵呵！"查曼说着走进自己的房间。不知道他还做了什么，我一点都不信任他。她的衣服湿得一团糟，查曼难受地脱下衣服，把它们挂在房间里晾干。而她最喜欢的那件外套胸口的焦痕应该没办法消除了。她明天去皇室宅邸时，只好穿件普通衣服了。可是我还敢把彼得一个人留在这里吗？她心想。我打赌他会闲着试验各种咒语。如果是我的话，我也会。她耸耸肩，意识到自己也没比彼得好到哪儿去，她也很难抵抗《羊皮纸书》里咒语的诱惑。

她回到厨房时，感觉自己对彼得友好了许多，除了头发，她身上都干了，穿着她最旧的衣服，还有拖鞋。

"问问看晚饭怎么办。"彼得说，查曼正把她的湿鞋子放在火炉边烘干。"我饿了。"他穿着蓝色旧外套进来时，看起来舒服多了。

"我母亲昨天带来的包里有吃的。"查曼一边说，一边在为她的鞋子找个合适的位置。

"不，里面没有了，"彼得说，"我午饭时吃光了。"

查曼对彼得不再友好。"贪吃猪。"她说着敲了敲壁炉，替瓦伊夫要了食物。瓦伊夫虽然在皇室宅邸已经吃了不少煎饼，但还是很高兴看到新的狗粮。"还有你也是只贪吃猪，"看着狼吞虎咽中的瓦伊夫，查曼说，"你吃下去的都往哪里装？威廉叔公，我们想要晚饭怎么办？"

那个和蔼的声音现在已经非常微弱，"只要敲一敲储粮室的门，然后说'晚餐'，亲爱的。"

彼得先走到了储粮室门口。"晚餐！"他大叫，重重地敲着门。

桌子上响起了一声噼里啪啦的声响。两个人同时转头去看。敞开着的手提箱边上，有一小块羊排，两只洋葱，还有一棵大头菜。查曼和彼得看着这些食物。

"都是生的！"彼得惊呼。

"而且还不够量，"查曼说，"你会烧菜吗？"

"不，"彼得说，"我家里都是母亲在烧菜。"

"噢！"查曼说，"真见鬼！"

第九章

威廉叔公的房子真的有很多路

于是彼得和查曼回到壁炉边。瓦伊夫急忙让开路,两个人依次敲了敲壁炉,大喊:"早餐!"不过似乎这个咒语只有早上才能正确生效。

"就算是腌鲱鱼我也不介意。"查曼说完,在两个盘子里可怜地翻找着。里面除了蛋卷、蜂蜜和橙汁之外,就没有别的了。

"我知道怎么煮鸡蛋,"彼得说,"瓦伊夫会吃掉这块羊排吗?"

"她几乎什么都吃,"查曼说,"她坏得——就跟我们一样。不过,我想她不会吃大头菜的,反正我不喜欢。"

他们的晚餐非常令人不满。彼得煮的蛋——嗯——太硬了。为了转移查曼的注意,彼得问了她白天皇室宅邸里的事。查曼也愿意告诉他,好让他们俩都不去注意那些煮得很硬的蛋和蜂蜜混合的味道。彼得很好奇国王似乎在寻找金子的事,更好奇摩根和闪闪的来访。

"还有一个火魔？"他问，"两个有魔力的孩子，还有一个火魔！我打赌公主一定手忙脚乱，他们要待多久？"

"我不知道，没人提到这个。"查曼说。

"那我用两顿下午茶和一顿早咖啡和你打赌，公主在周末前就会赶他们走。"彼得说，"你吃完了吗？那么我来给你看看你叔公箱子里的东西。"

"但我想看书！"查曼抗议。

"不，别去看书，"彼得说，"你随时都可以看的，这个箱子里有很多你该知道的东西，我来打开给你看。"他把早餐盘推到一边，把箱子拉到她面前。查曼叹了口气，戴上眼镜。

箱子里塞满了纸。最上面是一张威廉叔公用漂亮但颤抖的字迹写的纸条。"给查曼，"上面写道，"房子的索引。"那下面是一大张纸，上面画着一团互相交错的线条。每条线上都交叉画着一些框，里面有标志，而每条线的另一头都有箭头指着纸的边缘，旁边还写着"未探查"这样的字。

"那是这里的索引。"彼得一边说一边递给查曼，"箱子里剩下的便是相应的地图，全部折着，看。"他拿住下一张纸，拉了出来，于是再下一张纸也跟着跑了出来，然后又是下一张，如此这样来回折叠好放进箱子，这些纸蜿蜒着摊在桌上，查曼愤懑地看着它们。每一张上都仔细画着房间和走廊，每样东西旁边都整齐地写着注释。诸如"这里左转两次"，"这里往右走两步，左转一次"。每个房间里也写着字，比如"厨房"；有些字很长，比如有的写着："我存放巫师用品的地方，经常用我引以为傲的收纳咒语来补充库存，请注意，左边墙上的原料非常危险，必须小心取放。"有些纸上似乎只有纵横交错的走廊，上面写着"未探查的北边区域""去地精灵处""去水塔"，或者"去舞厅（我怀疑那里会有什么别的用处）"。

"我没打开这个箱子真是明智，"查曼说，"这是我这辈子见过最令人困惑的地图！这不可能是这间屋子的地图！"

"是的，是的，这里很大，"彼得说，"如果你仔细看，你会发现，这张地图折叠的方式就暗示着怎么去各个部分。看，最上面这页是客厅，然后下一页不是书房或者卧室，因为那些折叠在反面，看到吗？你进去后是厨房，因为那个折叠的方向和客厅一致……"

查曼开始感觉头晕，她闭上眼，随彼得精力充沛地解释。她看了看自己手上那张纸上交错的线条，这好像简单点儿。至少，她看到"厨房"是在纸的正中间，旁边是"卧室"和"游泳池"，还有"书房"。游泳池？不是真的吧？确定？一条线指向右侧，旁边的框里标着"会议厅"。又一个箭头从这个框指出去，箭头边标着"去皇室宅邸"。

"噢！"她惊呼，"从这里就能去国王的宫殿！"

"……走到外面山上的草地，那里标着'马厩'，不过我还不知道怎么从这间工作室过去。"彼得一边解释，一边展开另一叠曲折蜿蜒的纸，"这里标着'食品店'。上面说'囤积咒语在运行'。我不知道你怎么想，不过我最感兴趣的地方在这里，上面写着'储存空间（只有废物？找天来详细检查）'。你觉得是他自己创造了这整个扭曲空间？还是他搬进来以后才发现的？"

"是他发现的,"查曼说,"你看看那些标着'未探查'的箭头就该知道他还不清楚那里通向什么地方。"

"你或许是对的,"彼得同意,"他只利用了中间这些空间,对吧?我们可以帮他探查下更多的地方。"

"你要是想你就去吧,"查曼说,"我要去看书了。"查曼折起手上画着交错线条的纸,收进口袋里。这个明天早上能帮她节省点儿路程。

早上,查曼那套漂亮的衣服还是湿的。她只好继续把它们挂在房间里,穿起稍有逊色的衣服,同时,她还在想今天要不要把瓦伊夫留给彼得照顾,或许还是别这样做。万一彼得又念了另一则咒语,把瓦伊夫变成什么别的样子。

瓦伊夫自然是蹦蹦跳跳地跟着查曼跑进了厨房。查曼敲了敲壁炉为她要来吃的,然后有些迟疑地要了自己的早餐。说不定她和彼得昨晚已经把要早餐的咒语用掉了。

不过还好,没失效。她收到了一大盘早餐,有茶和咖啡,还有吐司,一盘堆得很高的鱼配米饭以及一个桃子。那个咒语是在致歉,她心想。她不是很喜欢吃鱼,于是把大部分留给了瓦伊夫,而瓦伊夫就跟喜爱其他食物一样喜欢这条鱼,吃完后一身都是鱼腥味地走到查曼身边。查曼正在打开那张复杂的地图,准备去皇室宅邸。

看到那些错综复杂的线条就已经让查曼困惑了。再看看箱子里的地图她就更加不知所措。她把那张纸翻来覆去,想要恢复从箱子里拿出来时的样子,但毫无进展。经过几次左转右转，她发现自己来到了一个大房间，四周的大窗户可以看到河。那里能看到河对岸的镇子，包括在阳光下闪耀的皇室宅邸的金顶。

"可我要去的是那里，不是这里！"她一边说一边到处看看。

窗下有一些长长的木质桌子，上面堆满了奇怪的工具，而房间的正中堆着更多这样的工具。另几侧墙的架子上堆满了瓶瓶罐罐，还有形状奇怪的玻璃器皿。查曼闻到这里有一股新鲜的木料的味道，但这股味道被另一股和威廉叔公书房里相同的又潮又刺激的气味盖过了。一定是用过魔法以后的味道，她心想，这一定就是那间工作室。瓦伊夫欢乐地蹦着跳着，由此判断，她应该很熟悉这里。

"来，瓦伊夫。"查曼说道停下来看了看房间正中的工具上放着的一张纸条，上面写着"请勿触摸"。"我们回厨房去，从头开始走。"查曼说。

那也行不通。从工作室门出来左转，她们来到了一个温暖的露天之处，一个湛蓝的小水塘在白色的石头之间泛着涟漪。那个地方被白色石头砌成的花棚围住，上面开满了玫瑰，玫瑰边有一些白色躺椅，上面还放着松软的大毛巾。给游完泳的人准备的，查曼想。但可怜的瓦伊夫很害怕这里，她蹲在门口，一边低声哀嚎，一边颤抖着。

查曼抱起她："是有人要淹死你吗，瓦伊夫？你是被人丢弃的？好了，我不会靠近那个水池的，我不会游泳。"查曼退回门里，左转，忽然想到游泳只是很多她不会的事情中的一件。彼得批评她的无知是对的。"我不是懒,"她对瓦伊夫解释的时候似乎已经来到了马厩,"也不笨,我只是不习惯跟在母亲边上看她做事情,你明白吗?"

马厩的气味很重。查曼很高兴看到那些显然是属于这里的马在栅栏另一边的草地上。马是另一样她不懂的东西,不过至少瓦伊夫在这里不感觉害怕。

查曼叹了口气,放下瓦伊夫,戴上眼镜,又看了看那张令人眩晕的地图。"马厩"在这里,在山上的某个地方,她要从这里再右转两次才能回到厨房。她右转了两次,瓦伊夫跟在身后。她发现自己来到了一个漆黑的地方,站在一个巨大的山洞外面,里面是忙碌的蓝色地精灵。大家都转过来看着她,查曼很快又往右转。这次她来到了一个卖杯子、盘子、茶壶的商店,瓦伊夫叫了两声。查曼看着几百只茶壶整齐地排在架子上,有各种颜色和大小,她开始感觉害怕,已经很晚了。更糟的是,她戴上眼镜又看了看地图,发现自己所在的地方几乎在左手边的最底下,旁边的箭头指向的边缘有一段注释写着:"一群卢博金住在这里,要小心。"

"噢,"查曼惊叫,"这太可笑了!过来,瓦伊夫。"她打开刚进来的门,再次往右转。

这次她们来到了一个完全黑暗的地方。查曼能感觉到瓦伊夫在她的脚踝边焦急地嗅着。她们两个都在嗅着气味,查曼大叫:"啊!"这里有一股潮湿的石头的气味,这气味从她刚到这屋子的那天起她便记得。"威廉叔公,"她问,"从这里要怎么去厨房?"

让她欣慰的是，那个和蔼的声音回应了她。那声音听起来很微弱，很遥远："如果你在那里，亲爱的，你应该迷路了，仔细听着，顺时针转一圈……"

查曼不需要再听下去了。她没有转一整圈，而是小心地转了半圈，然后向前看了下。她很清楚地看到前面有一条昏暗的石头走廊，和她所处的那条交错着。她感激地走上前，瓦伊夫在她身后跟着，她转弯走上了那条走廊，她知道自己已经到了皇室宅邸。那就是她到威廉叔公家第一天遇到推着车的西姆的走廊。不仅那味道一样——混合着淡淡的食物香味和潮湿的石头气味——而且那墙看起来也是典型的皇室宅邸的样子，画被摘走的地方都留下了各种淡淡的方形印迹。她唯一不清楚的是，这是宅邸的哪个位置，瓦伊夫也帮不上忙，她只会蹭着查曼的脚踝，瑟瑟发抖。

查曼抱起瓦伊夫，沿着走廊走下去，想要找找看有没有认识的人。她转过两个弯，也没见到什么能求助的人，随后就差点撞到昨天分煎饼的那个不太显眼的人。他后退几步，看起来很吃惊。

"天啊，"他一边说，一边在黑暗中盯着查曼，"我不知道你已经来了，查……呃……查敏小姐，对吗？你迷路了吗？需要帮助吗？"

"是的，谢谢。"查曼机灵地回答，"我去……去……呃……嗯……你知道的，去女厕所了——出来的时候一定是转错了路，你能告诉我怎么回图书馆吗？"

"小意思，"那位不显眼的先生说，"我带你去，跟着

我来。"

他转过身,从他刚来的那条路走回去,经过另一条昏暗的走廊,穿过一个长长的、冰冷的大厅,他们走上了一条石阶。瓦伊夫的尾巴开始轻轻晃动,仿佛她开始觉得这里很熟悉。不过,他们走到楼梯前时,瓦伊夫的尾巴停止了摆动,摩根的声音从楼梯上面传来。

"不想要!不想!不想!"

闪闪那尖锐的声音也加入了进来。"我穿不了这个!我要我有条纹的那件!"

苏菲·潘德拉贡的声音也传了下来。"安静,你们两个!不然我要对你们不客气了,警告你们!我没什么耐心了!"

那个不显眼的人退后了几步。他对查曼说:"小孩子给这里带来很多生机,对吧?"

查曼抬头看看他,想要点头笑笑,但却感觉有些不寒而栗。她也不清楚为什么,但还是勉强点点头,然后跟着那位先生穿过拱门,摩根的喊声和闪闪的尖叫声在远处慢慢消失。

又转过一个弯,那个不显眼的人打开门,查曼认出来那就是图书馆的门。"查敏小姐来了,陛下。"他一边说,一边鞠躬行礼。

"噢,好。"国王说着,从一摞薄薄的皮面书中抬起了头,"进来坐吧,亲爱的,昨晚我又找到了一沓信给你,我也不知道原来我们有那么多。"

查曼感觉自己就像从来没离开过。瓦伊夫坐下来,在温暖的火盆边翻得肚子朝天。查曼也坐下,面前是一摞大小不一的纸,她找来笔和白纸,开始工作,一切都很平常。

过了一会儿,国王说:"我的这位祖先写了这些日记,幻想自己是个诗人。你觉得这首怎么样?是给她的爱人写的,当然啰。"

"你的舞姿曼妙如一头山羊,我的爱人,
你的歌声温婉如山间的乳牛。"

"你觉得这浪漫吗,亲爱的?"

查曼大笑着:"这太可怕了。我想她一定会拒绝他。呃……陛下,刚才带我来的那位不显……呃……先生是谁?"

"你是说我的管家吗?"国王问,"你知道吗,他服侍我们很多很多很多年了——我一直都记不得这个可怜的家伙的名字。你可以去问公主,亲爱的,她会记得像这样的事情。"

噢,好吧,查曼心想,那我还是就把他当作不显眼的先生吧。

时间平静地过去。查曼感觉,经历那样慌乱的早晨之后,现在的变化真是令人高兴。她一边分类,一边记着笔记,有两百年前的账单,一百年前的账单,还有仅仅四十年前的账单。很奇怪,老的账单似乎比新的涉及款项更加巨额,皇室宅邸似乎花得越来越少。查曼还整理出了四百年前的信,还有一些近期各国大使的报告,其中包括怪奇吉亚、英格里、拉其普特。有些大使发来的是诗歌,查曼把其中最烂的几首读了出来给国王听。再下面,她还看到有收据。写着像是"支付一幅贵妇画像,由一位绘画大师所作,两百基尼"这样的纸出现得越来越频繁,都是近六十年里的。查曼发现,皇室宅邸出售画像似乎都是在这位国王在位期间,她决定还是不问国王这件事了。

午餐到了,还是贾迈尔的美味辛辣食物。西姆端来时,瓦伊夫跳得老高,摇晃着她的尾巴,然后又停下来,看起来很失望,跑出了图书馆。查曼不知道瓦伊夫想要的是厨师的狗还是他做的午餐,应该是午餐吧。

西姆把托盘放在桌上,国王开心地问:"外面现在怎样,西姆?"

"有些吵,陛下,"西姆回答,"我们刚收到第六只摇摆木马。摩根少爷似乎想要一只活的猴子,不过很高兴向您报告,潘德拉贡夫人拒绝了,这引发了一些骚乱。此外,闪闪少爷似乎觉得有人不愿给他条纹裤子。他一整个早上都在吵嚷着这件事,陛下。而火魔已经把前厅的火炉当作他的理想栖身之所了。您今天要来前厅和大家一起喝茶吗,陛下?"

"我想不必了,"国王回答,"我不是讨厌火魔,只是有那么多摇摆木马,好像已经很挤了。拿些煎饼过来图书馆给我们就可以了,西姆。"

"没问题,陛下。"西姆回答,摇晃着从房间里退了出去。

门关上后,国王对查曼说:"不是因为摇摆木马,真的。我也很喜欢吵闹声,只是这会让我想到做外祖父的乐趣,真可惜啊。"

"噢……"查曼说,"镇上的人都说,希尔达公主不太会恋爱,是因为这样她才没有结婚吗?"

国王看起来很惊奇。"这我不清楚，"他说，"她年轻时，也有王子、公爵排着队想要娶她，但她并不想结婚，从来不喜欢这样的念头，她是这么告诉我的。她想要留在这里，帮助我，有些可惜啊。我的王位将由路德维克王子继承，那是我一个兄弟的儿子。你很快就会见到他，要是我们能搬开一个摇摆木马的话——或者可以去大客厅。不过真正可惜的是，宅邸里现在已经没有年轻人了，我真怀念啊。"

　　国王看起来并没有很不开心。他看起来只是在陈述，而不是感伤，不过查曼却忽然感觉皇室宅邸真是个悲伤的地方。又大，又空旷，又悲伤。"我了解，国王陛下。"她说。

　　国王笑了笑，咬了一口贾迈尔的美味。"我知道你能懂，"他说，"你是个很聪明的姑娘，有一天你也会有你威廉叔公那样的成绩。"

　　查曼眨了眨眼。不过，她还没来得及因为赞扬而感到些许不自在，就先想到了自己其实一点儿也不友善，没有同情心。我想我甚至有些残忍，想想我对待彼得的方式吧。

　　整个下午，这样的思绪都笼罩在她心头。结果是，等到要结束的时候，西姆带着瓦伊夫回来，查曼站起身说："谢谢，陛下，谢谢你对我那么好。"

　　国王似乎很惊讶，告诉她不必多想。不过我真的没法不多想，她心想。他那么和蔼，这该能给我上一课。她跟着西姆缓慢的步伐，瓦伊夫看起来很困很肥，费力地跟在他们俩身后。查曼决心回到威廉叔公的房子后要对彼得好一些。

　　西姆快要走到前门时，闪闪从什么地方冲了出来，精力充沛地滚着一个大铁圈。摩根飞奔着跟在他身后,伸着两只手大叫:"嗯,嗯,嗯!"西姆被撞得原地打转。闪闪冲过来的时候,查曼想要靠在墙上。有一刻,她感觉闪闪在跑过她身边时用奇怪的眼神打量了她一眼,不过瓦伊夫的叫声让她急忙冲过去保护,也就没再多想。瓦伊夫被撞了个底朝天,感觉很惊慌。查曼把她翻过来,又差点撞到追着摩根跑出来的苏菲·潘德拉贡。

"哪个方向?"苏菲气喘吁吁地问。

查曼指指那个方向。苏菲拉高她的裙摆,冲了过去,一边跑,一边嘴里咒骂着什么肠子做吊袜带之类的。

希尔达公主从远处跑来,停下来抓住西姆,让他站稳。"真的很抱歉,查敏小姐,"查曼走到她身边时,她说,"那个孩子就像条鳝鱼——好吧,其实两个都是。我要想想办法,不然可怜的苏菲就没工夫帮我们解决问题了。你站稳了吗,西姆?"

"非常稳,夫人。"西姆说。他朝查曼鞠了躬,看着她走出大门,来到明亮的午后阳光下,仿佛什么都没有发生过。

"如果我结婚的话,"查曼一边想,一边抱着瓦伊夫穿过皇室广场,"我也不会要孩子,他们会让我在一周之内就变得残忍、无情。或许我该跟希尔达公主一样不结婚。那样,或许我还有机会变得友善一些。无论如何,先在彼得身上试试看吧,他真的很努力。"

回到威廉叔公家时,她心中充满了坚定的志向要对人友善。真的有用,因为她沿着小路穿过两边蓝色的绣球花丛时,没有遇到罗洛。要对罗洛友善,查曼可是绝对做不到的。

"这绝对不可能。"她一边说着,一边把瓦伊夫放到客厅地毯上。让她惊奇的是,房间不同寻常地干净又整洁。每件物品都很整齐,手提箱被放回了扶手椅边上,插着各种颜色绣球花的花瓶放在咖啡桌上,查曼对着花瓶皱了皱眉。那一定是我放到推车上后消失的那只,也许是彼得要早咖啡的时候,它回来了,她心想——但只是一闪念,因为她忽然想到自己的湿衣服还晾得满屋都是,被褥还垂在地上。见鬼!我要去整理下。

她走到自己卧室门口时,停了片刻。有人为她整理了床铺。她的衣服已经干了,整齐地叠好放在衣柜顶上。这太过分了,查曼毫不友善地冲到厨房。

彼得坐在厨房桌边,看起来很整洁,查曼知道他一定干过什么。他身后的火炉上,一个黑色大锅里正冒着泡,散发出奇怪的、淡淡的香味。

"你整理我房间做什么?"查曼问。

彼得看起来像受了委屈,尽管查曼看得出他有满肚子秘密和激动的想法。"我以为你会高兴的。"他说。

"好啊,可我一点儿不高兴!"查曼回答。她很奇怪自己居然流下了眼泪:"我刚刚才明白,如果我把东西掉在地上,它就一直在地上,除非我去捡起来;而如果我把东西搞乱了,我必须自己收拾,因为它不会自己变干净。可是,你却来帮我都弄干净了!你跟我母亲一样坏!"

"我整天一个人待在这里总得找点儿事情做做,"彼得抗议道,"要不然你想我就这么坐在这里吗?"

"你想做什么都可以,"查曼大叫,"跳舞啊,倒立啊,朝罗洛扮鬼脸啊，但别搞砸我的学习过程！"

"随便去学吧，"彼得反驳道，"你还有很多事情要学呢。我不会再碰你的房间了。我今天学了什么你有兴趣吗？还是你只对自己的事感兴趣？"

查曼哽咽地说："我今晚想对你好点儿的，但你让这变得困难起来了。"

"我母亲说，困难能帮助你学习。"彼得说，"你应该高兴。我来告诉你一件我今天学到的事情，那就是如何准备足够的晚餐。"他用拇指指向那个冒泡的锅子。那个拇指上绕着一根绿色的线。另一只拇指则绕着红色的线，还有一根手指上绕着蓝色的。

他想试着同时分清三个方向，查曼心想。她非常努力地想要表现出友善："那你怎么准备足够的晚餐的？"

"我不停地敲储粮室的门，"彼得说，"直到桌上堆满足够的食物，然后我把它们都放进那个锅里煮。"

查曼看了看锅，"是什么东西？"

"肝和培根，"彼得说，"卷心菜，还有大头菜和一块兔肉。洋葱，还有两块肉，一棵韭菜，很简单，真的。"

呀！查曼心想。为了不说出什么粗鲁的话，她转过身走回了客厅。

彼得叫住她："你不想知道我怎么找回那个花瓶的吗？"

"你坐到了推车上。"查曼冷漠地回答，接着便跑去读《十二岔魔杖》了。

但这并没有用。她不断抬头看那个绣球花瓶，又看看远处的推车,心里想彼得是不是真的坐在上面和下午茶一起消失了,然后又想着他是怎么回来的。而每次看完,她都更加明白,她要对彼得好一点儿的决心完全失败了。她在那里站了近一个小时,然后回到厨房。"对不起,"她说,"你是怎么把花瓶找回来的?"

彼得正在用勺子戳锅里的东西。"我想这还没好,"他说,"勺子弹开了。"

"噢,好啦,"查曼说,"我很礼貌了。"

"我吃晚饭的时候告诉你。"彼得说。

他遵守着自己的诺言,这让人非常恼火。一个小时内,他都几乎一言不发,直到锅里的东西盛到了两个碗里。要分食物可不容易,因为彼得懒得剥皮切开,就直接扔到锅里。他们不得不用两个勺子把卷心菜切开,彼得也不知道炖肉里要放盐。于是,每一样东西——白色的、浸泡过头的培根,大块兔肉,整颗大头菜,松软的洋葱——都只是漂在清淡的汤水里。委婉地说,这个食物简直糟透了。为了尽力表现出友善,查曼没有把这话说出来。

唯一的好事是,瓦伊夫很喜欢这锅食物。她舔完了清淡的汤水,又认真地吃完了肉和卷心菜。查曼也几乎吃光了,尽量不让自己颤抖。她很高兴自己还能集中心思听彼得的故事,好分散在食物上的注意力。

"你知道吗?"他开始说话了,在查曼听起来口气很傲慢。但她能看出来,他在心里已经像个故事那样构想好了,会按照他的构想来讲给她听。"你知道吗?从推车上消失的东西,回到了过去。"他说。

"好吧,我想过去确实是个很好的垃圾场。"查曼说,"只要你能确定那真的是过去,东西不会又出现,还发了霉——"

"你想听还是不想听?"彼得问。

友善点儿,查曼对自己说。她又吃了一片恶心的卷心菜,点点头。

"而这间屋子的一部分是在过去。"彼得继续说,"我没有坐到推车上。我只是去探查了,列出了一些我需要转弯的路,然后意外地发现了这个,真的。我一定有一两次转错了路。"

我一点儿也不奇怪,查曼心想。

"不管怎样,"彼得说,"我到了一个地方,那里有几百个地精灵小姐在洗茶壶,往盘子上放食物,准备早餐、下午茶之类的。我有些紧张,因为你为了绣球花把她们气成那样,不过我还是尽量表现出友善,走过去的时候和她们点头微笑。真的很奇怪,她们居然也对我点头微笑,还说'早上好',态度非常友好。于是我点头微笑着走了过去,接着我走进了一个没看到过的房间。我一打开门,看到的第一样东西就是那瓶花,放在一张长长的桌子上。接着我看到的是诺兰巫师,坐在桌子后面——"

"天啊!"查曼叫着。

"我也很惊讶,"彼得承认,"我就站在那里,目瞪口呆,说实话。他看起来很健康——你知道吗,很强壮,脸色红润,比我印象中头发要茂密得多——他正忙着画图,就是箱子里那些。他把它们都摊在桌子上,只完成了大约四分之一。我想

这给了我提示。不过,他抬起头,很礼貌地说:'你能把门关上吗?风很大。'我还没来得及开口,他又抬起头说:'你到底是谁?'

"我说:'我叫彼得·雷吉斯。'

"他听完皱了皱眉。他说:'雷吉斯,雷吉斯?那你和蒙塔比诺的女巫有什么关系吗,难道?'

"'她是我母亲。'我说。

"于是他说:'我以为她没有孩子。'

"'她只生了我一个,'我说,'我的父亲在山外山的一次大雪崩中去世了,那时我刚出生。'

"他又皱了皱眉,说:'可那次雪崩是几个月之前的事,年轻人。据说是卢博克引起的,有很多人丧生——还是我们在说四十年前那场雪崩?'他看起来很严肃,对我很不信任。

"我在想怎样让他相信目前发生的事情。我说:'我保证这是真的,你的房子的一部分回到了过去,下午茶就是消失去了那里。而且这也可以证明——我们昨天把那瓶花放到了推车上,然后它就到了你这里。'他看了看花瓶,但什么也没说。我说:'我来你家,是因为我的母亲希望我成为你的学徒。'

"他说:'真的吗?那我一定认真请求过她别那么做,看起来你不是很有才华。'

"'我会魔法,'我说,'不过我母亲确实能安排一切事情,只要她想。'

"他说:'确实,她的性格确实非常强势,你出现的时候我说什么来着?'

"'你没说什么,'我回答,'你不在,一个叫查曼·贝克的小姑娘在照看你的房子——至少她是应该照看你的房子,不过她跑出去为国王干活了,还遇到了一只火魔——'

"他打断了我,看起来很震惊:'火魔?年轻人,那是很危险的生物。你是想告诉我,威斯特的女巫不久要来上诺兰了吗?'

"'不,不,'我说,'英格里的一位皇家巫师大约三年前就取代了威斯特的女巫。这位巫师和国王有什么关系,查曼说的。从你现在的样子判断,我想她应该刚刚出生。但她说,你病了,精灵们带你出去治疗,而她的森布罗尼婶婶安排查曼在你不在的时候来照看你的房子。'

"他看起来很不安,他靠在椅子上,眨了眨眼。'我是有个曾侄女叫森布罗尼,'他说,节奏很慢,像是在想事情,'或许是这样。森布罗尼嫁到了一个很尊贵的家庭,我想——'

"'噢,是的!'我说,'看看查曼的母亲就知道。她太尊贵了,从来不让查曼做任何事情。'"

真谢谢你,彼得!查曼心想,现在他一定认为我完全是个废物!

"但他好像没什么兴趣,"彼得继续说,"他想知道他得了什么病,但我无法告诉他,你知道吗?"他问查曼,查曼摇摇头。彼得耸耸肩说:"然后他叹口气说,他想没什么关系,因为似乎这总是难免的。不过后来,他很困惑地轻轻说:'可我不认识什么精灵!'

"我说:'查曼说是国王派来的精灵。'

"'噢,'他一边说,一边看起来很高兴,'一定是!皇室家族有精灵血统——他们有人嫁给了精灵,而精灵们之间都保持联系,我想。'然后他又看着我说:'那么故事开始合逻辑了。'

"我说:'应该如此,这都是真的,不过我不理解的是,你做了什么让地精灵们那么生气。'

"'什么也没有,我向你保证,'他说,'地精灵是我的朋友,是很多年的朋友。他们为我做了非常多的事情。我就算是惹国王这位朋友生气,也不会惹地精灵生气。'

"他似乎对此非常生气,于是我想应该换个话题。我说:'那我能问你这个房子的问题吗?是你建的,还是你发现的?'

"'噢,是我发现的,'他说,'是我年轻时候买的,那时我还是个在奋斗的巫师,因为这里看起来很小,很便宜。后来我发现这里是个有很多路的迷宫。告诉你,这个发现很令人高兴。这里曾经是梅里柯巫师的,就是将皇室宅邸屋顶变成金子的那个人。我一直期望,屋子里的某个地方藏着当时皇家宝库中真正的金子。国王已经找了好多年了,你知道的。'

"然后你猜得到,我竖起耳朵开始听,"彼得说,"但我还来不及问太多,因为他看着桌上的花瓶说:'那么这些真的是从未来而来的花吗?你能告诉我这些是什么花吗?'

"我很吃惊他对此一无所知,我告诉他,这是他自己花园里的绣球花。'是地精灵们割下来的有颜色的花,'我说。然后,他就看着它们,低声称赞它们真漂亮,尤其是它们那么色彩缤纷。'我应该自己种一些,'他说,'它们比玫瑰的颜色还多彩。'

"'你也可以种蓝色的,'我说,'我母亲会用铜粉和咒语把花变蓝。'就在他低声念念有词时,我问他是不是可以把它们带走,这样能够证明我见到了你。

"'当然,当然,'他说,'它们在这里也挺碍事,告诉那个认识火魔的小姑娘,我希望等到她长大后,我能完成这座房子的地图,她会需要的。'"

"所以,"彼得说,"我带着花离开了,这很不同寻常吧!"

"极其不同寻常,"查曼说,"要不是地精灵把绣球花割下来,而我又把它们收集起来,你又迷路的话,他也不会种绣球花——我头晕了。"她推开自己那碗卷心菜和大头菜,我要对他好点儿。"彼得,明天回来路上我去找父亲要本烹饪书如何?他一定有上百本,他是镇上最好的厨师。"查曼说。

彼得看起来很欣慰。"好主意,"他说,"我母亲从来没有教过我多少烹饪的事,她总是自己一个人做。"

我不介意他让威廉叔公那样想到我,查曼发誓,我要友善点儿,但他要是再那样……

第十章

闪闪爬上屋顶

晚上,查曼一直担心着。如果威廉叔公的房子里可以穿梭时光,那她不就可能去到十年前的皇室宅邸,然后发现那时的国王并不需要她?又或者去到十年后的未来,发现路德维克王子那时已经是国王?这样的想法已经足够让她选择走平常的路去宅邸了。

于是,第二天早上,查曼沿着小路出发了,瓦伊夫跟在她身后,直到她们经过卢博克的草地下方的悬崖,瓦伊夫才变得透不过气,又很可怜,于是查曼才抱起她。就跟之前一样,查曼心想。我感觉自己就像个已经工作的成年女孩,她一边朝镇子走去,一边对自己说,瓦伊夫则欢快地舔着她的下巴。

昨晚又下了雨,但现在,早晨淡蓝色的天空中正飘着大朵白云。山脉如丝般蓝绿交错,而镇上,阳光照射在河边的鹅卵石上闪闪发光,河面上也波光粼粼。查曼感觉非常高兴,她真的盼望着这崭新的一天,可以继续分类信件,和国王聊天。

穿过皇室广场后,皇室宅邸的金顶在阳光照射下异常耀眼,查曼不得不低头看着鹅卵石。瓦伊夫眨了眨眼,躲开阳光,忽然扭动起来,一声尖叫从宅邸那儿传来。

"快看我!快看我!"

查曼想抬头看,但炫目的阳光让她的眼睛充满泪水,于是她从瓦伊夫那儿腾出一只手,挡着额头,抬头看。那个叫闪闪的孩子正跨坐在金顶上,足足有一百英尺高,他正欢快地冲着她挥手,一边挥手一边差点失去平衡。看到这一幕,查曼忘掉了昨天所有关于孩子的冷酷想法。她把瓦伊夫放到鹅卵石上,跑到宅邸门口,大声地敲着门环,又狂按门铃。

"那个小男孩!"她上气不接下气地对西姆喊着,而他依旧缓缓地打开吱吱呀呀的大门。"闪闪,他坐在屋顶上!快找人救他下来!"她喊道。

"真的吗?"西姆问,他摇摇晃晃地走到外面台阶上。查曼只好等着他摇晃着走到能看见屋顶的地方,然后再颤抖着抬头看。"真的在,小姐,"他肯定着,"小恶魔,他会掉下来的,那屋顶和冰面一样滑。"

查曼当时已经失去了耐心,跺着脚直跳:"快找人去把他带下来!快!"

"我不知道该找谁,"西姆慢慢地说,"宅邸里没什么人擅长爬高的。我想我可以去找贾迈尔,但只有一只眼睛,他的平衡也不会很好。"

瓦伊夫在四处跳跃着,大叫着想要被抱上台阶。查曼没有在意她。"那就让我去,"她说,"只要告诉我怎么去那里,现在,在他从旁边滑下去之前。"

"好主意,"西姆肯定着,"去门厅那头的台阶,小姐,一直走到顶,最后一段楼梯是木头的,然后你会看到一扇小门——"

查曼再也等不下去了。她丢下瓦伊夫,沿着潮湿的石头走廊冲到尽头,一直来到石阶所在的大厅。她从那里奋力往上爬,眼镜在她的胸口敲打,她的脚步声在石壁之间回荡。她爬完了两段长长的石梯,脑中满是可怕的想法:幼小的身体坠落敲击在鹅卵石上激起……噢……一阵水花,就在她放下瓦伊夫的那个地方。她喘着粗气,又冲上第三节石梯,那石梯更加狭长,看起来没有尽头。随后,她来到了木楼梯前,一边爬一边像是差点就要断气了,这段楼梯看上去也像是没有尽头。终于,她来到了那扇木头小门前,她祈祷着为时还不晚,查曼打开门,看到耀眼的阳光和金顶。

"我还以为你上不来了。"闪闪在屋顶中间说。他穿着一件淡蓝色的天鹅绒外套,一头金发和屋顶一样耀眼。他看起来非常镇定,更像是一个迷失的天使,而不是一个困在屋顶的小男孩。

"你很害怕吗?"查曼急切地问,"抓紧了,别动,我爬过来救你。"

"请吧。"闪闪礼貌地回答。

他不知道自己正身处危险之中!查曼心想,我一定要保持镇定。她十分小心翼翼地从木门里爬出来,慢慢地移动,直到和闪闪一样跨坐在屋顶上,这样太不舒服了。查曼不知道哪个更糟:是锡砖太烫、太湿、太锋利、太滑,还是屋顶似乎要把她劈成两半了。当她侧身看了眼下方遥远的皇室广场,她不得不非常认真地安慰自己,三天前她刚刚用一个咒语从卢博克那里救了自己,而且还证明了自己能飞。她可以抱住闪闪的腰,然后和他一起飘下去。

她忽然意识到,闪闪在向后退,离她越来越远,而她还在向他爬去。"别动!"她说,"你不知道这样有多危险吗?"

"当然知道,"闪闪反驳道,"我恐高,但这是唯一能和你说话不被人偷听的地方,坐到屋顶中间来,这样我就不用大吼大叫了。快点,希尔达公主已经替摩根和我找了个奶妈,那可怜的姑娘随时会过来。"

这话听起来太像成人了,查曼目瞪口呆地看着他。闪闪朝她露出迷人的微笑,一双大眼睛还是那样湛蓝,微红的嘴唇还是那样醉人。"你是天才宝宝吗,还是什么别的?"她问他。

"对,现在是。"闪闪说,"我真的六岁时,还算很普通,我想。我当然也有很强的魔法天赋,你过来点儿不行吗?"

"我在努力。"查曼在屋顶上挪动着,直到她距离那个孩子只有一英尺远左右。"那我们要谈什么?"她望着他的脸问道。

"先谈谈诺兰巫师,"闪闪说,"他们告诉我你认识他。"

"也不算,"查曼说,"他是我婶婶的叔公,他病了,我替他照看房子。"她不想提到彼得。

"他的房子什么样?"闪闪问。他还补充说:"我自己住在一座移动的城堡里,诺兰的房子会动吗?"

"不会,"查曼说,"但屋子中间有一扇门,能通向大概一百个不同的房间,据说是梅里柯巫师造的。"

"啊，梅里柯。"闪闪惊叫，他似乎很高兴，"那我或许该过去看看，不管卡西法怎么说，这样好吗？"

"我想没问题，"查曼说，"为什么呢？"

"因为，"闪闪解释，"苏菲、卡西法和我是来帮助国王解决宝库中金子的失踪问题。至少，我们认为这是他们想要找的东西，不过他们也没说得很清楚。很多时候，他们似乎说的都是，他们丢失的东西叫作半精灵，没人知道半精灵是什么，公主还请苏菲帮忙找出税收钱款出现的问题。那似乎又是另一件事情。他们卖掉了很多画，还有别的东西，但他们还是穷得和教堂里的老鼠一样——你一定也发现了。"

查曼点点头："我发现了，他们不能再多收点儿税吗？"

"或者卖掉一点儿图书馆里的东西。"闪闪说着耸耸肩。这让他又有些晃动不稳，于是查曼合上了眼。"卡西法昨晚差点因为建议他们卖书而被赶出去。至于征税，国王说，上诺兰的人民很富有，很幸福，而且多收来的税很可能也会一样消失，所以没什么必要，我希望你做的是——"

下面远处传来大叫声，查曼往旁边看了一眼。很多人聚集在广场上，遮着阳光朝他们指指点点。"快点，"她说，"他们随时可能叫消防队来。"

"他们有吗？"闪闪问，"你们这里真先进。"他又露出灿烂的笑容："我们需要你做的是——"

"你们俩在外面很开心吗？"查曼身后有个声音问。那声音太近了，又太突然，查曼差点跳起来失去平衡。

"小心，苏菲！"闪闪急忙说，"你差点害她掉下去。"

"这只能说明这个计划有多鲁莽,即使对你而言。"苏菲说。一边说着,她一边从木门里探出身,但查曼不敢回头张望。

"你用了我给你的魔法吗?"闪闪问,同时转向了查曼要和她继续谈话。

"是的,用了,"苏菲说,"所有人都在宅邸里惊慌失措地到处乱跑,卡西法试图阻止那个蠢笨的奶妈不要歇斯底里地发作,外面有人已经叫了消防队来。我在混乱中用你的咒语混进了图书馆,满意了吗?"

"很完美。"闪闪又露出天使般的笑容,"现在你发现我的计划有多巧妙了吧。"他靠近查曼。"我所做的,"他对她说,"是用了一个咒语,让每本书、每张纸上与国王的问题有关的部分都亮起来,那亮光只有你能看见。如果你看到点亮的部分,我希望你能把它们记录下来,当然是悄悄地,这儿肯定哪里有问题,而我们不想任何人知道你在做什么,以免让制造麻烦的那个人知道,你能帮我们这个忙吗?"

"我想可以。"查曼说,听起来很简单,尽管她不太喜欢对国王隐藏秘密,"你什么时候要?"

"今晚,谢谢,赶在王子到来前,"苏菲在查曼身后说,"不需要把他牵连进来,我们非常感激,而这也真的非常重要,我们就是为了这个而来的。现在,求求你们进来吧,两个人都进来,别等到他们架梯子了。"

"好吧,"闪闪说,"我们走吧,小心点,不然我会变成两半的。"

"活该。"苏菲说。

屋顶开始在查曼身体下面打滑,她差点要叫出声。但她还是用两只手抓住,同时提醒自己她真的会飞。真的会吧?她晃动着向自己来的方向倒退回去,而闪闪则在她前面晃动。过了片刻,查曼感觉苏菲抓住了她的腋下,把她往后拉,又爬了几步后,她终于回到了皇室宅邸里。苏菲于是探出身体抓住闪闪,把他也抱进来,放在查曼身边。

闪闪深情地抬头看着查曼。"又要变回小孩了,"他说着叹了口气,"你不会出卖我的吧,是吗?"

"噢,别说蠢话了,"苏菲说,"查曼很可靠。"她对查曼说:"他的名字叫哈尔,真的,他正在享受他的第二个童年,真恶心。来吧,我的小朋友。"她一手抱起闪闪,带着他走下楼梯,一路伴随着他乱踢乱叫的声音。

查曼跟着他们,不断摇着头。

他们刚下到一半,就看到宅邸里的所有人似乎都集合了起来——包括许多查曼从来没有见过的人——而卡西法在他们之间上下乱窜。就连国王也来了,心不在焉地抱着瓦伊夫。希尔达公主把一个胖姑娘推到一边,那姑娘正抱着摩根抽泣,公主朝查曼挥挥手。

"亲爱的查曼小姐,非常感谢你,我们真的很害怕,西姆,去告诉消防队,我们不需要梯子了。还有,本来也不需要水管。"

查曼听不太清楚她的话。瓦伊夫看到了查曼,立刻从国王的怀里跳了下来,兴奋地叫着,放心查曼终于安全了。背景的某处,贾迈尔的狗哀嚎地回应着。那个胖奶妈发出"嘶……嗯!"声。摩根大叫着:"哦!哦!"每个人都叽叽喳喳说着话。远处,闪闪大叫:"我可不顽皮!我很害怕,告诉你吧!"

查曼抱起瓦伊夫,制止了一些噪声。希尔达公主拍拍手,让其他人也都安静下来,她说:"回去工作吧,大家。南希,把摩根带回去,别让他把大家都震聋了,跟他说清楚,他可不许也爬到屋顶上去。亲爱的苏菲,你能让闪闪闭嘴吗?"

大家都散开了。闪闪还在继续喊:"我不顽皮——"然后忽然停了下来,似乎是有手掌打在了他的脸上。很快,查曼就和国王一起走下楼梯,往图书馆走去,瓦伊夫兴奋地舔着她的下巴。

"这让我想起了以前,"国王开口了,"我还是小孩的时候,也好几次爬到外面屋顶上,每次都引起这样愚蠢的恐慌。有一次,消防队差点用水管把我冲下去,孩子就是孩子,亲爱的。你准备好下去工作了吗,还是你想坐下休息会儿?"

"不,我很好。"查曼向他保证。

她坐回图书馆的椅子上时,感觉就像完全回到家里,周围弥漫着旧书的芬芳,而瓦伊夫凑在火炉边烘着她的肚子,国王坐在对面看着一叠已经磨损破旧的日记。空气那样宁静,查曼完全忘却了闪闪的咒语,她认真地翻阅着一摞摞旧信件。这些信是很久以前的一位王子写的,他饲养马匹,希望他的母亲能从国王那里骗来更多钱。查曼正读到王子深情地描述着他最优秀的母马生下的漂亮小马,忽然抬头,看到火魔慢慢地飘了过来,在图书馆里乱晃。

国王也抬起头。"早上好,卡西法,"他亲切地问候,"你需要什么东西吗?"

"只是到处看看,"卡西法用他微弱的爆裂声音回答,"我现在明白你为什么不想把这些书卖掉了。"

"是的,"国王说,"告诉我,火魔看书吗?"

"不常看,"卡西法回答,"苏菲经常读给我听,我喜欢带有谜题的故事,你要自己猜凶手是谁,你这里有这种书吗?"

"或许没有,"国王回答,"但我女儿也很偏爱凶杀推理故事,或许你可以问问她。"

"谢谢,我会的。"卡西法回答完便消失了。

国王摇摇头,继续看他的日记。卡西法仿佛是来唤醒闪闪的咒语的,查曼随即注意到国王正在翻阅的日记上闪着微弱的淡绿色的光。她自己接着要看的一堆里也有,那是一个已经被压扁的纸卷,上面还绑着金色的带子。

查曼深深吸了口气,问道:"那本日记里有什么有趣的事情吗,陛下?"

"哦,"国王说,"很令人厌恶,真的,这是我曾祖母的一位女仆的日记,里面全是流言蜚语。她正写道,她非常震惊,因为国王的妹妹生下儿子后去世了,助产士好像还杀掉了婴儿。助产士说那孩子是紫色的,让她很害怕。他们要审判这个可怜的笨蛋,控告她谋杀。"

查曼想到她和彼得在威廉叔公的百科全书中看到的"卢博克"的词条。她说:"我想她以为那个孩子是卢博金。"

"是的,太多疑了,太无知了,"国王说。"那时没有人还相信卢博金了。"他又继续看下去。

查曼心想要不要说出来,很久以前的那个助产士或许是对的，卢博克是存在的。为什么卢博金就不可以存在呢？但她确定，国王不会相信她的，于是她只是把这一段记录了下来。然后，她拿起压扁的纸卷。不过在她展开纸卷前，她忽然想去看看那一排放她已经看过的纸的盒子是不是也在发光。只有一个在发光，光芒非常微弱。查曼从里面拿出发光的纸，那是梅里柯巫师制造金顶的账单。这很令人困惑，但查曼还是记录了下来，然后才解开金色的带子，展开那个纸卷。

那是上诺兰国王的家族图谱，写得很潦草，很仓促，仿佛只是张草稿，查曼很难读懂。上面到处是大叉，然后用小箭头加入潦草的新内容，或者是一个随意的圆圈，里面写着注释。"陛下，"她问，"你能解释下这个给我听吗？"

"让我来看。"国王接过纸卷，摊开在桌上。"啊，"他说，"我们在觐见室里挂着一份正稿，我很多年没有好好看过这个了，不过那张上面要比这个族谱简单得多——只有统治者的名字，还有他们的婚配情况。这个上面似乎还有注释，看上去是很多不同的人写的。看，这位是我的祖先，阿道夫一世。他旁边的字迹很古老了。上面写的是……嗯……'通过半精灵的力量抬高了城里的围墙'。现在好像已经看不到那些围墙的痕迹了吧？不过据说河边的河堤街曾经是老城墙的一部分——"

"对不起，陛下，"查曼打断说，"什么是半精灵？"

"我也不知道，亲爱的，"国王回答，"真希望我知道，据说那能为王国带来繁荣与庇佑，但似乎很久以前就不见了。嗯，这太有趣了。"国王粗壮的手指又指到了另一个注释。"这里，我的祖先的妻子边上写着'女精灵'。一直传说玛蒂尔达王后有一半精灵血统,这是她的儿子,汉斯·尼古拉斯,旁边标着'精灵之子',或许正是因此,他才没有当成国王,没人真正信任精灵。这真是大错特错,我觉得,他们加冕了汉斯·尼古拉斯的儿子,那是个很无趣的人,也就是阿道夫二世,他毫无建树。他是这个纸卷上唯一旁边没有注释的国王。不过他的儿子——在这里——汉斯·彼得·阿道夫,旁边有注释说,'与半精灵一同捍卫了王国的安全',别管什么意思了。亲爱的,这太有趣了。你能帮我誊抄一份方便阅读的吗?在所有人的名字旁边都加上注释。如果没有注释,很容易遗漏兄弟或什么别的东西,你没问题吧?"

"完全没问题,陛下。"查曼说,她还一直在想怎么悄悄地替苏菲和闪闪把这些记下来,现在有办法了。

那天剩下的时间,她把纸卷誊抄了两份。第一份是草稿,她还得经常问国王这个或那个注释是什么,而第二份她是用最工整的字誊写的,留给国王的。她变得和国王一样对此非常感兴趣。为什么汉斯·彼得三世的侄子去"山里做强盗"?为什么格楚德王后会是个"令人生畏的女巫"?为什么她的女儿伊索拉公主被称为"蓝色男子的情人"?

国王也回答不了这些问题,但他说他非常了解为什么尼古拉斯·阿道夫王子被称为"酒鬼"。查曼看到王子的父亲彼得·汉斯四世旁边写着"黑暗的暴君,巫帅"。"我的一些祖先不是好人,"他说,"我想这位一定经常打尼古拉斯,据说精灵的血变酸时便会这样,不过我想他们只是人,真的。"

那天傍晚,查曼已经整理誊写到了纸卷的底部,几乎每个统治者都叫阿道夫，或者阿道夫·尼古拉斯，或者路德维克·阿道夫，不过她终于高兴地发现一位莫伊娜公主，她"嫁给了怪奇吉亚君主，但在生下卢博金后去世"，查曼肯定莫伊娜就是那位女仆日记中提到的公主。看起来，似乎有人相信了那位助产士的故事，她决定还是不要和国王说这件事了。

隔了三行，她终于看到了国王本人，"沉迷于他的书籍之中"，还有希尔达公主，"拒绝嫁给一位国王、三位贵族、一位巫师"。他们被挤着写到一边，好腾出空间给国王叔叔的后裔，尼古拉斯·彼得，这位似乎有很多孩子。这些孩子的孩子占满了整个底部。他们到底是怎么记住哪个是哪个的？查曼心想。一半的女孩叫玛蒂尔达，另一半叫伊索拉，而男孩大多叫汉斯或者汉斯·阿道夫。你得通过旁边潦草的注释才能分辨他们，比如一个汉斯"非常笨拙，最后淹死"，另一个"意外遇害"，还有一个"死在国外"。女孩们更糟，一个玛蒂尔达是"乏味、傲慢的女孩"，另一个"和格楚德王后一样可怕"，还有第三个"品行不端"。叫伊索拉的要么是"被毒死"，要么是"做事邪恶"。王位继承人路德维克·尼古拉斯则和查曼认为非常可怕的这一家子完全不同，旁边什么注释也没有，就和很久以前那个无趣的阿道夫一样。

她把这些都记录下来，所有的名字和注释等。下午结束时，她的右手食指发麻，沾满了蓝墨水。

"谢谢，亲爱的。"国王接过查曼递来的纸，说道。他开始认真地浏览，于是查曼便很容易有机会收拾起另一张潦草的誊写和她其他的笔记，一起塞进口袋里，不被国王看见。她站起身时,国王抬头说:"希望你能原谅我,亲爱的,接下来两天我或许不需要你过来帮忙。公主坚持让我从图书馆里出去,在周末招待年轻的路德维克王子,她不太擅长招待男性来宾,不过我希望周一还能再见到你。"

"好的,当然。"查曼回答。她抱起从厨房跑回来的瓦伊夫,一起往前门走去,心里想着她抄的纸卷该怎么办。她不知道是不是能相信闪闪。你能相信一个外表是小男孩,但内在显然已经不是的人吗?还有彼得说的,威廉叔公提到的火魔的事情。你能相信危险的人吗?她一边走一边痛苦地想着。

随即,她发现自己站在苏菲面前。"事情怎么样?你找到什么东西了吗?"苏菲一边问,一边对她微笑着。

那笑容太友好了,于是查曼认为她至少可以信任苏菲。但愿如此。"我找到了一些东西。"她说着从口袋里拿出纸来。

苏菲接过纸时甚至比国王拿到他那份时更加急切,更加充满感激。"太棒了!"她说,"这至少能给我们一些线索。我们现在真是完全摸黑。哈尔——我是说,闪闪——说,占卜咒语在这里似乎不起效。这太奇怪了,我以为国王和公主都不会魔法,是吧?我的意思是,都没有强大到能阻止占卜咒语。"

"他们不会,"查曼说,"但他们的很多祖先会,国王还有很多你不知道的事情。"

"有道理,"苏菲说,"你能留下来和我们一起看这些笔记吗?"

"有事周一再问我吧,"查曼对她说,"我要去见我的父亲,赶在他的面包店关门前。"

第十一章

查曼跪到蛋糕上

查曼走到店门口时,店已经打烊了,但她还是可以隐约透过玻璃看到,有人在里面走动,打扫店铺。查曼敲敲门,但却没有用,于是她把脸贴到玻璃上大叫:"让我进去!"

店里的人终于走了过来,打开门,探出头来。他是店里的学徒,和彼得差不多年纪,查曼以前没见过。"我们关门了。"他说。他看了看查曼怀里的瓦伊夫,打开的门里散发出一阵刚出炉的甜甜圈的味道,瓦伊夫凑近了鼻子,高兴地闻着。"而且我们也不让狗进来。"他说。

"我要见我父亲。"查曼说。

"你见不到任何人,"那个学徒说,"烘烤房里还忙着。"

"我的父亲是贝克先生,"查曼告诉他,"我知道他会见我的,让我进去。"

"我怎么知道你说的是事实?"那个学徒怀疑地问,"这事关我的工作——"

查曼知道这时候她应该表现出礼貌和机智,但她还是失去了耐心,就像她对地精灵们那样。"噢,你这个傻瓜!"她打断了他,"如果我父亲知道你不让我进去,他会当场解雇你!去把他叫来,如果你不相信我的话!"

"哎哟哟!"学徒叫着,但还是后退了一步,"那进来吧,不过你得把狗留在外面,明白吗?"

"不,不行,"查曼说,"她会被偷走的,她是一条非常珍贵的会魔法的狗。我告诉你,就连国王都允许她进门,而如果国王允许,你也必须允许。"

那个学徒看起来非常轻蔑。"你去跟山上的卢博克说。"他说。

事情变得越来越复杂,还好此时,贝拉,店里的一位女店员,从烘烤房的门里走出来。她一边系着头巾一边说:"我要走了,提米。记得把这里都洗——"她看到了查曼。"噢,好啊,查曼!你要见你父亲吗?"

"你好,贝拉,是的,"查曼说,"但他不让我带着瓦伊夫进去。"

贝拉看看瓦伊夫,她的脸上立刻绽放出笑容。"多可爱的小动物啊!不过你知道,你父亲不喜欢让狗进来,最好把它留在店里给提米照看。你会照顾好她的,对吗,提米?"

那个学徒很不情愿地哼了哼,愁眉苦脸地看着查曼。

"不过提醒你,查曼,"贝拉还是像往常一样健谈,"他们现在都很忙,有一个特别的蛋糕订单。你不用待很久吧?把你的小狗放在这里吧,她会很安全的。还有,提米,把这些架子统统打扫干净,不然我明天不会放过你,晚安啦,晚安!"

贝拉走出了店门,而查曼从她身边走了进来。查曼确实想带着瓦伊夫进烘烤房,但她知道瓦伊夫在吃的问题上劣迹斑斑。于是她把瓦伊夫放在柜台边,朝提米冷漠地点点头——他这辈子都会恨我的,她心想——然后独自一人穿过了空荡的玻璃橱窗、冰冷的大理石货架、一堆白色桌椅,上诺兰的人们很喜欢坐在这里喝杯咖啡,吃块蛋糕。查曼推开烘烤房的门时,瓦伊夫发出一声绝望的喊叫,但她还是狠了狠心,把门从身后关上。

里面忙得像个蜂房,热得像赤道,而且香气四溢,一定会让贪婪的瓦伊夫疯狂。那里有新鲜面团的香气,也有烘烤中的面团的芳香,还有甜面包、糕点、松饼的香甜气息,夹杂着馅饼和酥饼的美味香气,混合其中的还有浓郁的奶油味和独特的糖霜香味,那香味从一个很大的多层蛋糕那里散发出来,好几个人正在离门最近的那张桌子上装饰这个蛋糕。玫瑰香!查曼一边呼吸着这些香气,一边心想。柠檬、草莓、南英格里杏仁、樱桃,还有桃子!

贝克先生正在一个个工人间走动,一边走,一边进行指导、鼓励、检查。"杰克,揉这个面团的时候要用手背。"查曼进来的时候听到他说。过了一会儿,"那个馅饼皮用力轻一些,南希。不要捶,不然会硬得像块石头。"又过了会儿,他走到了另一侧的烤炉边,告诉那里的年轻人要用哪个炉子,不管他走到哪里,他都立刻引起注意,得到服从。

她的父亲,在查曼看来,就是他的烘烤房里的国王——比皇室宅邸里真正的国王更像国王。他头上戴的白色帽子就像是王冠。那也很合适他，查曼心想。他瘦瘦的脸颊和红色头发都和她一样，只不过脸上多了不少斑点。

她在炉子边碰到了他，他正在美味的肉馅旁，告诉做肉馅的女孩辣放太多了。

"但这尝起来味道很好！"那个女孩辩驳道。

"或许吧，"贝克先生说，"但是美味和完美之间还是有很大差别，洛娜。你去帮他们做蛋糕，不然他们要忙一晚上了，让我来挽救这盘肉馅。"他从火上取下那锅肉馅，而洛娜匆匆跑到一边，看起来松了口气。他转过身，看到了查曼。"好啊，小甜心！我没想到你会来！"他有些不解，"是你母亲送你来的？"

"不是，"查曼回答，"我自己来的，我在照看威廉叔公的房子，记得吗？"

"噢，对，"她父亲说，"我能帮你什么？"

"呃……"查曼感觉有些难以开口，因为她刚看到了他父亲是那么像个专家。

他说："等一下。"然后转过身在炉边架子上的一排香料里找出一个罐子，打开盖，往锅里撒了一些。他搅拌了一下，尝了尝，点点头。"现在好了。"他说着，把锅子放下来冷却。随后，他又抬起头疑惑地看着查曼。

"我不知道怎么做饭，爸爸，"她脱口而出，"威廉叔公家的晚餐食物都是生的。你有没有什么写下来的指南之类的，给初学者的？"

贝克先生用非常干净的手揉了揉他满是斑点的下巴，思考着。"我一直对你母亲说，你要学一些这种事情，"他说，"不管得体与否，让我想一想，我的东西对你来说大多数太复杂了，糕饼、美味酱料之类的。现在，我也希望我的学徒来的时候是有一点儿基本知识的。不过我想我还是能找到一些我起步时的基本简单笔记。我们去看看吧，如何？"

他带着查曼穿过烘烤房，从拥挤又忙碌的厨师们身边经过，走到远处的墙边。那里有一些摇摇晃晃的架子，上面杂乱地堆着笔记本、沾着果酱的纸片，还有满是面粉手印的厚文件夹。"等等。"贝克先生说，停在了架子边堆满剩余食物的桌子边，"我最好还是给你带点儿吃的去，这样你看笔记的时候也不会饿着。"

查曼非常熟悉这张桌子，瓦伊夫一定会很喜欢。那上面是所有不够完美的烘烤食物：碎掉的糕饼、不够匀称的甜面包、破碎的馅饼，还有当天店里没卖完的食物。烘烤房的工人可以随意把这些带回家。贝克先生拿起一个工人们用的厚纸袋，开始迅速地往里装食物。最下面放了一整个奶油蛋糕，上面放了一层馅饼，然后是甜面包，再是甜甜圈，最后是一大个乳酪饼。他把这个鼓鼓的袋子放在桌子上，然后开始在架子上翻找起来。

"找到了。"他一边说，一边取下一本软皮的棕色笔记本，上面沾满了深色的陈年油渍，"我就知道我还留着！那是我年轻时候在市集广场的饭店的笔记。我当时就跟你现在一样一无所知，我想这该是你需要的，你需要和这些食谱一起的咒语吗？"

"咒语！"查曼说，"但，爸爸——"

贝克先生看起来很心虚，查曼从来没见到过。有一瞬，他脸上的小斑点都羞红了。"我知道，我知道，查曼，你母亲一定会很生气。她一直坚持说魔法是很低级、粗野的东西，不过我生来就会用魔法，我也忍不住，不只是烹饪的时候。在这个烘烤房里，我们经常用魔法。好姑娘，别让你母亲知道，好吗？"他又从架子上拿下一本薄薄的黄色笔记本，深沉地拍了拍，"这里面都是简单的咒语，能帮助烹饪，你想要吗？"

"要！"查曼说，"当然我一个字也不会告诉母亲的，我像你一样了解她。"

"好姑娘！"贝克先生说。他迅速把两本笔记放进那个纸袋中，就在乳酪饼的旁边，然后把袋子递给查曼，他们共犯一般互相咧嘴笑了笑。"好胃口，"贝克先生说，"好运。"

"你也是，"查曼说，"谢谢爸爸！"她伸长脖子，亲了亲父亲满是面粉和斑点的脸颊，就在他的厨师帽下方，然后她便走出了烘烤房。

"你运气真好！"查曼推门时，洛娜叫住了她，"我看到他给你奶油蛋糕了。"

"那儿有两个。"查曼抬起肩说道，随后走出去回到了店里。

回到店里，她惊奇地看到提米坐在玻璃和大理石的柜台上，怀里抱着瓦伊夫。他心存戒备地解释道："你把她留下来后，她好像真的很惊慌，一直大叫个没完。"

或许我们不必一辈子做敌人了！查曼心想。瓦伊夫从提米的怀里跳下来，高兴地尖叫着。她在查曼的脚踝边跳跃着，吵吵嚷嚷，因此，提米显然没有听到查曼对他说谢谢。查曼朝他笑一笑又点点头，随后走到外面街上。瓦伊夫还是在她脚边跳着叫着。

面包店与河岸在小镇的两边。查曼可以径直走过去，但从尚街走过去要更近些——瓦伊夫要自己走，因为查曼抱着那个鼓鼓的袋子。尚街虽然是主要街道之一，但看起来远没有大街的样子。那条路既曲折又狭窄，没有人行道，不过路两边的商店倒都是最好的。查曼沿着路缓缓走着，时不时看看商店橱窗，好让瓦伊夫有时间赶上来，她躲闪着晚上出来购物的行人，也有晚饭后出来闲逛的人们，她一边走一边想。她现在既满足——彼得现在没有借口再做出什么可怕的食物了——又惊喜。爸爸会使用魔法！他一直都会。直到刚才，查曼一直都因为她尝试过《羊皮纸书》上的魔法而感到有些内疚，但她发现那种感觉现在已经不见了。我想我是继承了爸爸的魔法！噢，太棒了！那么我就是会用咒语的人了。不过为什么父亲总是听母亲的话？他和母亲一样要求她要得体。真是，父母啊！不过，得知此事的查曼感觉非常开心。

此时，她身后传来响亮的马蹄踢踏声，其中还混杂着喊声："让开！让开！"

查曼回头看了一眼，发现街上全是穿着制服骑着马的人，他们速度很快，几乎要撞到她了。街上走着的人们靠到街两侧的商店墙边。查曼转过身，想去抱瓦伊夫。她不小心绊到了某家人门口的阶梯，单膝跪到了那袋食物上，不过她还是抱住了瓦伊夫，而且没有弄丢她的袋子。她两只手臂抱着瓦伊夫和那袋食物，退到最近的墙边，而马的腿和踩在马镫上的人的脚就从她的鼻子前面闪过。他们后面又跟着一列金光闪闪的黑马，被长长的皮质缰绳拴着，马鞭不时落在它们背上。它们后面拉着一辆多彩的大马车，马车外的金子、玻璃和彩绘的盾牌在阳光下闪耀，两个帽子上插着羽毛的人坐在车后摇摆。马车后面又跟着更多穿着制服骑着马的人，马蹄声震耳欲聋。

他们渐行渐远，在下一个转弯的地方消失了。瓦伊夫低声叫着。查曼瘫坐在墙边。"那到底是什么？"她问瘫坐在她旁边的人。

"那位，"那个女人说，"是皇冠王子路德维克，我想是去见国王的。"她看起来很漂亮，又有些凶，这让查曼有些联想起苏菲·潘德拉贡。她还抱着一个小男孩，这又让查曼联想起摩根，只是这个男孩不吵不闹。他被吓得脸色惨白，就跟查曼一样。

"他应该小心点，在这么窄的街上还跑那么快！"查曼生气地说，"有人会受伤的！"她看了看她的袋子，发现乳酪饼碎成了两片，叠了起来，这让她更生气了。"他为什么不从河堤边上走？那里宽敞多了。"她说，"他都不在乎吗？"

"是不怎么在乎。"那个女人说。

"那我真不敢想他成为国王后的样子！"查曼说，"他会很可怕的！"

那个女人奇怪又意味深长地看了她一眼，"我可没听到你的话。"她说。

"为什么？"查曼问。

"路德维克不喜欢别人批评他，"那女人说，"他有卢博金帮他为所欲为。卢博金，听到吗，姑娘！但愿我是唯一听到你刚才话的人。"她把怀里的孩子往上托了托，然后走开了。

查曼一边想着这些，一边蹒跚着穿过小镇，一只手抱着瓦伊夫，一只手拎着袋子。她发现自己深切盼望着她的国王，阿道夫十世，能活很久很久。不然我会想发动一场革命的，她想。另外，我的天啊，今天怎么感觉去威廉叔公家的路那么长！

不过，她最后还是走到了，她感激地把瓦伊夫放到花园的小路上。屋子里，彼得正在厨房，坐在十袋脏衣袋中的一袋上，闷闷不乐地看着桌上一大片血红的生肉，旁边还有三只洋葱和两根萝卜。

"这些我不知道怎么煮。"他说。

"你不用知道了。"查曼说着，把袋子里的东西倒在了桌子上，"今晚我去见我父亲了，而这，"她一边继续说，一边从里面找出那两本笔记本，"就是菜谱和配套的咒语。"两本笔记本因为乳酪饼而看起来更糟糕了。查曼在她的裙子上擦了擦，把它们递过去。

彼得振奋了起来，从脏衣袋上跳下来。"这太有用了！"他说，"还有一袋食物，这就更棒了。"

查曼拿出扭曲的乳酪饼、破碎的馅饼，还有挤扁的甜面包。最底下的奶油蛋糕上有一个膝盖形状的凹痕，而且还沾到了馅饼上。这让她又开始对路德维克王子感到生气。她一边告诉彼得刚才的一切，一边想要把馅饼再拼起来。

"是的，我母亲说他有成为暴君的潜质。"彼得说，有些心不在焉，因为他在翻阅着笔记，"她说，她就是因为这才离开这个国家的。这些咒语是在烧菜的时候念吗，还是之前，之后，你知道吗？"

"爸爸没有说，你要自己研究。"查曼说着走回了威廉叔公的书房，想找一本轻松点儿的书看。《十二岔魔杖》很有趣，但让她感觉她的精神碎裂成了几百片碎片。魔杖的每一个分岔都有十二个分岔，而这十二个分岔又各自有分岔。还有更多，我就快变成一棵树了，查曼一边想，一边在书架上找着书。她找到了一本《魔法师历程》，她以为是冒险故事。确实是，从某种角度来说，不过她很快发现，这其实是在一步步讲述魔法师学习的过程。

这又让她开始想父亲是如何学会使用魔法的。我知道我都继承了，她心想。我会飞，我能修好盥洗室的水管，都是立刻就会。不过我还是应该学学如何平缓地、安静地使用魔法，而不用大喊大叫，弄坏东西。她一直坐在那里想着这些，直到彼得叫她出去吃饭。

"我用咒语了。"他说，他非常自豪，他加热了馅饼，还真的用洋葱和萝卜做出了美味。"而且，"他说，"我探查了一整天，累坏了。"

"找金子？"查曼说。

"那自然是该做的事，"彼得说，"我们知道它一定在屋子里的什么地方，不过我找到的是地精灵住的地方，那就像是个巨大的洞穴,他们都在里面做东西。大部分在做布谷鸟报时钟,还有一些在做茶壶,还有的在做像门口的沙发的东西。我没有跟他们说话——我不知道他们是来自过去还是现在,所以我只是笑笑,在一边看,我不想让他们再生气了,你今天做了什么?"

"噢,天啊!"查曼说,"真是要命的一天,开始先是闪闪爬到了外面屋顶上,我吓坏了!"接着她把剩下的事都告诉了他。

彼得皱着眉。"这个闪闪,"他说,"还有这个苏菲——你确定他们不是什么邪恶的人?诺兰巫师说火魔是危险的生物,你该记得的。"

"我也想过,"查曼承认,"但我想他们是好人,似乎是希尔达公主请他们来帮忙的,我真希望我能帮助国王找到他要找的。我发现那张家谱的时候,他激动极了。你知道吗?路德维克王子有八个堂兄弟姐妹,基本上都叫汉斯或者伊索拉,而他们几乎所有人的下场都很惨。"

"因为他们都是坏人,"彼得说,"我母亲说,残忍的那个汉斯是被杀人犯伊索拉毒死的,而她又是被酒鬼汉斯喝醉酒后杀害的。然后,这个汉斯摔下楼梯,摔断了脖子。他的妹妹伊索拉是在怪奇吉亚被绞死的,因为她想要杀害她的贵族丈夫——我说了几个了?"

"五个,"查曼说,似乎很入迷,"还有三个。"

"还有两个玛蒂尔达和一个汉斯,"彼得说,"那个叫汉斯·尼古拉斯的,我不记得他怎么死的了,只记得他死的时候是在国外的什么地方。一个玛蒂尔达是宅子着火时被烧死的，据说另一个玛蒂尔达是个很危险的女巫，于是路德维克王子把她关在快乐城堡的阁楼上。没人敢靠近她，就连路德维克王子也不敢，她杀人只要用眼睛看那人一眼就行，我可以给瓦伊夫这块肉吗？"

"也许吧，"查曼说，"如果她不会噎住的话，你怎么会知道这些人？我在今天之前从来没有听说过他们。"

"因为我来自蒙塔比诺，"彼得说，"我们学校每个人都知道'上诺兰的九个坏兄弟姐妹'。不过我想在这个国家，不论国王还是路德维克王子都不希望大家知道他们的亲人那么恶毒，据说路德维克王子和其他那些人一样坏。"

"可我们是个很好的国家，真的！"查曼抗议道。她感到很难过，她的上诺兰居然生出了九个如此可怕的人，这对国王来说也很痛苦。

第十二章

关于洗衣服和卢博克的卵

查曼第二天醒得很早,因为瓦伊夫用她冰凉的小鼻子戳着查曼的耳朵,显然她是觉得她们该像往常一样去皇室宅邸了。

"不,今天不用去!"查曼说,"国王今天要接见路德维克王子。走开,瓦伊夫,不然我会变成伊索拉把你毒死!或者变成玛蒂尔达,对你施邪恶的魔法,快走开!"

瓦伊夫难过地跑去了一边,但查曼那时已经醒了。不久她便从床上起来,为了不生气,她只好安慰自己,今天会舒舒服服地赖着看《魔法师历程》。

彼得也起来了,他有别的主意。"我们今天得洗些衣服,"他说,"你发现了吗?现在这里有十袋衣服,诺兰巫师的卧室里还有十袋,我想储粮室里应该也还有十袋。"

查曼愁眉苦脸地看着那些脏衣袋。她不得不承认,它们确实占满了厨房。"我们别插手了,"她说,"应该是那些地精灵洗的。"

"不，不是的，"彼得说，"我母亲说，如果你不洗的话，脏衣服会越来越多。"

"我们有洗衣妇，"查曼说，"我不会洗东西。"

"我会教你，"彼得说，"别用无知做掩护了。"

查曼很生气，不知道为什么彼得总是要让她干活，可是不久，她还是跑到院子里的水泵前用力抽水，往水桶里注满水后，由彼得拎去洗衣房，倒进巨大的铜质锅炉中。大约拎完第十桶，彼得回来说："我们要点燃炉子下的火，但我找不到燃料，你觉得它放在哪儿？"

查曼用疲惫的手拨开因为流汗而贴在脸上的头发。"应该和厨房里一样，"她说，"让我来看。"她朝洗衣房走去，心里想，如果不行的话，他们就不用洗衣服了，太好了。"我们只要一样能燃烧的东西。"她告诉彼得。

他呆呆地四顾张望，小屋里只有一堆木桶和一盒肥皂片。查曼看看炉子下面的地方。那里黑乎乎的，有以前燃烧留下的痕迹。她看了看木桶，太大了，她又看了看肥皂片，想还是别冒险再弄出一场气泡雨来。她走到外面，从不太健康的树上拔下一根树枝。她把树枝放到黑色的火炉里，敲一敲锅炉边上，说："点火！"然后，她很快往后面跳了一步，火焰从下面冒了起来。"好了。"她对彼得说。

"好，"他说，"现在回去水泵那儿，我们要把铜炉装满水。"

"为什么？"查曼说。

"因为有三十包衣服要洗，还用问吗？"彼得说，"要在这些木盆里注满热水，用来浸泡丝绸和羊毛衣物，还要用水来漂洗，所以要很多很多桶水。"

"难以置信！"查曼对瓦伊夫低声说，瓦伊夫正在旁边到处乱窜。她叹了口气，回到水泵边继续抽水。

与此同时，彼得从厨房里搬来一把椅子。随后，令查曼很气愤的是，他把木盆排成一排，开始把她辛苦打来的冷水倒进木盆里。"我以为这些是用来装进铜炉里的！"她抗议着。

彼得爬到椅子上，开始把手里的肥皂片扔到锅炉里。炉子现在已经在冒着蒸汽，发出咝咝声。"别抱怨了，快去抽水。"他说，"水已经够热了，可以洗白衣服了。还要四桶水，就可以开始把衬衫之类的放进去了。"

他从椅子上爬下来，走进屋里。回来时，他拖着两袋衣服，他把袋子靠在小屋边，又回去搬更多衣服了。查曼气喘吁吁地抽着水，愁眉苦脸的。她爬到椅子上，把四桶满满的水倒进冒着肥皂蒸汽的铜炉里。然后，她终于可以高兴地做些别的事了，她解开绑着第一袋衣服的带子。里面有袜子，一条红色的巫师长袍，两条裤子，下面还有衬衫和内衣，满是被彼得的盥洗室大水淹过的霉味。很奇怪的是，查曼解开第二包衣服，里面也是同样的衣服。

"巫师要洗的衣服真特别。"查曼说。她抱着这些衣服，爬上椅子，把它们都扔进了铜炉里。

"不，不，不！停下！"彼得大叫，查曼刚把第二袋衣服倒进去。他从草地上跑了过来，拖着绑在一起的八袋衣服。

"是你说要这么做的！"查曼抗议。

"但要先分类,笨蛋!"彼得说,"只能先洗白色的衣服!"

"我不知道。"查曼不高兴地说。

于是,早晨剩下的时间里,她都在草地上把衣服分类堆放,而彼得则把衬衫放进锅炉里,又把肥皂水倒进木桶里,浸泡长袍和袜子,还有二十条巫师的裤子。

最后,他说:"我想衬衫已经煮够久了。"说着他拉过来一桶冷水。"你把火熄灭,我把冷水放掉。"

查曼完全不知道要如何熄灭魔法生的火。她尝试着敲了敲铜炉的边上,那很烫手。她用像是尖叫的嗓音说:"噢!火啊,熄灭吧!"于是火焰听话地慢慢摇曳着消失了。她吸了吸自己的手指,看着彼得打开铜炉下的龙头,冒着蒸汽、带着粉色肥皂泡的水从里面流出来。查曼透过蒸汽看着龙头里的水流着。

"我不知道肥皂是粉色的。"她说。

"肥皂不是粉色,"彼得说,"噢,我的天啊!看看你干了什么!"他跳到椅子上,开始用专门的分叉的木棍把冒着蒸汽的衬衫捞出来。每一件扔进冷水后都呈现出樱桃红色。随后,他又捞出了十五双缩水的小袜子,给摩根穿似乎都嫌太小,还有一条婴儿尺寸的巫师裤子。最后,他捞出了一条非常小的红色长袍,他举着这条滴着水、冒着蒸汽的长袍,指责着查曼,让她自己瞧瞧。"这就是你干的好事,"他说,"永远不要把红色羊毛和白色衬衫放在一起洗,染料会褪色的,现在给地精灵穿都觉得小了,你真是个大笨蛋!"

"我怎么知道?"查曼激动地反问,"我可是一直被保护着生活的！母亲从来不让我靠近洗衣房。"

"因为这样不得体嘛，我知道，"彼得恶心地说，"我想你觉得我会同情你！不，我不会。我不会再相信你了，别靠近绞干机。天晓得你会对它做什么！我要在绞干衣服的时候试试看漂白咒语。你去储粮室里拿晾衣绳和衣架，把这些都挂起来晾干。我能相信你不会把自己挂起来，或是干些什么别的蠢事吗？"

"我不是笨蛋。"查曼傲慢地说。

一小时后，彼得和查曼都筋疲力尽，因为蒸汽而全身湿透，他们安静地在厨房里啃着昨天剩下的馅饼，查曼一直想着，她挂晾衣绳可比彼得用绞干机和漂白咒语成功多了，晾衣绳在院子里来来回回转了十个弯，但还是固定住了。挂在上面的衬衫依旧没有恢复白色。有些带着红条纹，有些全身上下都是奇怪的粉色花纹，还有些变成了蓝色。大多数长袍上都有一些白条纹，袜子和裤子都变成了奶白色。查曼还是很得体，没有告诉彼得，在那些曲曲折折晾着的衣服中间徘徊的精灵正惊奇地看着那些衣服。

"外面有一只精灵！"彼得张大嘴巴惊呼道。

查曼吞下了剩下的馅饼，打开后门，想知道精灵来做什么。

精灵低下头，走进门来，大步走到厨房中间，他把带来的一只玻璃盒子放在桌上。盒子里有三个圆圆的白色物体，与网球差不多大小。彼得和查曼盯着它们直看，然后又看看精灵，精灵只是站在那里，没有说话。

"这是什么？"彼得终于开口了。

精灵微微鞠了个躬。"这些，"他说，"是三只卢博克的卵，是我们从威廉·诺兰巫师体内取出来的。这个手术很困难，但我们还是成功完成了。"

"卢博克的卵！"彼得和查曼几乎同时惊叫着。查曼感觉自己脸色发白，真希望自己没有吃刚才那块馅饼。彼得惨白的脸上，棕色的雀斑异常显眼。瓦伊夫在桌子下期盼着自己的午餐，发出狂乱的哀嚎声。

"为什么……为什么你会带这些卵来这里？"查曼勉强开口了。

精灵平静地回答："因为我们无法消灭它们，我们的努力都对它们无效，不管是魔法还是物理伤害，我们最终认定，只有火魔能消灭它们，诺兰巫师告诉我们，查敏小姐现在会和一个火魔有联系。"

"诺兰巫师还活着？他对你说的？"彼得焦急地问。

"千真万确，"精灵说，"他恢复得很好，最多再过三四天就能回来这里了。"

"噢，我太高兴了！"查曼说，"所以是这些卢博克的卵让他生病的？"

"正是如此，"精灵回答。"似乎是巫师几个月前在山上的草地遇到了一只卢博克。因为他是巫师，于是这些卵吸收了他的魔法，变得坚不可摧。你们不要触碰这些卵，也不要试图打开这个盒子，它们非常危险，你们最好尽快找火魔来帮忙。"

彼得和查曼屏息着，瞪着盒子里这三只白色的卵，精灵又轻轻鞠了个躬，大步走向里面的门。彼得回过神，追了过去，大叫着还想知道更多事情。但他追到客厅时,看到前门刚砰的一声关上。而查曼和瓦伊夫跟在他身后一起跑到花园里时,已经完全找不到精灵的踪影。查曼看到了罗洛鬼鬼祟祟地在绣球花丛中张望,不过精灵完全不见了。

她抱起瓦伊夫,放进彼得的怀中。"彼得,"她说,"看好瓦伊夫,我立刻去找卡西法来。"于是她沿着花园的小径跑去。

"快点!"彼得在她身后大喊,"千万要快!"

查曼不需要彼得来提醒她。她跑着,身后是瓦伊夫绝望又狂乱的叫声,她还是跑着,不停跑着,直到她转过大悬崖,看到前方的镇子。她开始放缓脚步,快步行走,捂着腹部气喘吁吁,但她还是尽量快速前进着。光是想到那些圆圆的白色卵躺在厨房桌上就足够让她赶快调整呼吸,快步前行。万一那些卵在她找到卡西法之前就孵化的话。万一彼得做了什么蠢事,比如对它们念了什么咒语的话。万一——她尽力不去想这些可怕的问题,自言自语:"我太蠢了!我应该问精灵什么是半精灵的!可我完全忘了,我该记得的,我太蠢了!"不过她也有些心不在焉,她心里只想着彼得对玻璃盒子念了什么咒语。他看起来就是会做这种事情的。

她赶到镇上时,天开始下起大雨,查曼很高兴。这样彼得就不会关心卢博克的卵了,他要冲到外面把衣服收进来,别再被淋湿。只要他在此之前还没干出什么蠢事的话。

她来到皇室宅邸时,全身湿透,几乎快喘不过气来,她敲响了门环,又按了铃,比闪闪爬上屋顶的时候更加用力,仿佛过了很久西姆才来开门。

"噢，西姆，"她气喘吁吁地说，"我要立刻见卡西法！你能告诉我他在哪里吗？"

"当然，小姐。"西姆回答，一点儿也没有因为查曼湿透的头发和滴着水的衣服而生气，"卡西法正在大客厅，让我带你去。"

他关上门，转身带路，查曼全身滴着水，跟在他后面，穿过长长的潮湿走廊，又经过石阶，来到宅邸后面的一个大门前，查曼从来没有到过这里。

"在里面，小姐。"他说着推开破旧的大门。

查曼走进房内，里面传来嘈杂的叫嚷声，一群穿着华丽的人似乎正在互相叫嚷着，同时还端着优雅的小碟子一边走一边吃着蛋糕。蛋糕是她最先认出的一样东西，它就在房间正中的一张特别的桌子上。虽然现在只剩下一半了，但这一定就是昨晚父亲的厨师们做的那一个，就像是在这一群衣着华丽的陌生人中见到了一位老朋友。离她最近的男人穿着深蓝色的天鹅绒与锦缎衣服，他转过头，傲慢地看了看查曼，与旁边的女士交换了嫌恶的眼神。那位女士穿着丝绸花缎——像件舞会礼服，不需要穿到下午茶的时间来吧！查曼心想，豪华得会让森布罗尼婶婶的穿着显得寒酸，假如婶婶在这里的话。森布罗尼婶婶不在，可市长大人在，还有他的夫人也在，镇上最重要的名流们都来了。

"西姆，"那个穿深蓝色衣服的男人问，"这个湿透的小平民是谁？"

"查敏小姐，"西姆回答，"她是尊贵的国王陛下的新助手。"他转过头对查曼说。"小姐,让我向您介绍皇冠王子路德维克陛下。"他说完退到房间外,关上了门。

查曼真希望地板能帮帮她,在她湿透的双脚下打开一个口,让她掉进地下室去,她完全忘记了皇冠王子路德维克的来访,希尔达公主显然邀请了上诺兰的所有名流前来会见王子。而她,普普通通的查曼·贝克,居然未受邀请便擅自闯入了他们的茶歇。

"很高兴见到您,陛下。"她努力开口说道,听起来像是受到惊吓后的耳语。

路德维克王子或许没有听到。他大笑着说:"着迷小姐,这是国王给你取的昵称吗,小姑娘?"他用吃蛋糕的叉子指了指穿着不合时宜的礼服的女士。"我管我的助手叫钱袋小姐,她可花了我一大笔钱,你知道吗?"

查曼张开嘴,想向他解释自己真正的名字,不过那个穿着不合时宜的礼服的女士先插嘴了。"你不准瞎说!"她生气地说道,"你这个坏心眼的家伙!"

路德维克王子大笑一声,转过身去和那位不显眼的先生说话,他穿着一件不显眼的灰色丝绸上装。查曼蹑手蹑脚地刚准备立刻去找卡西法,却在王子转身时,看到头顶大吊灯的光照到了他的侧脸。她看到,他的眼睛闪着深深的紫光。

查曼恐惧地呆站在那里,像一尊冰冷的雕塑。路德维克王子是卢博金。那一刻,她愣在原地无法动弹,她知道自己表现出了受惊的样子,知道别人会看到她受惊的样子,问她为什么。那个不显眼的先生已经在看着她,那双温柔的淡紫色眼睛中充满好奇。噢，天啊！他也是卢博金，难怪之前在厨房附近碰到他时会感觉不安。

幸好，市长大人从蛋糕桌边上走了过来，向国王深深鞠了一躬，这让查曼瞥见了一只摇摆木马——不，查曼看到了好多只摇摆木马，这让她从恐惧中回过神来，不知为何，摇摆木马都整齐地排在墙的一边。闪闪坐在距离大理石壁炉最近的一个上，认真地看着她。查曼看得出，他发现了自己有一丝恐惧，希望她告诉他发生了什么。

她开始走向壁炉。其间，她看到了摩根正坐在大理石炉栏边上玩着一盒积木。苏菲站在他边上，尽管苏菲穿着孔雀蓝礼服，也很融入这个茶歇的气氛之中，但还是有一刻，查曼仿佛看到苏菲像是一只张着血盆大口的母狮子，守卫在她的小幼狮边上。

"噢，好啊，查敏，"希尔达公主靠近查曼的耳边说，"你要来些蛋糕吗？既然都来了。"

查曼遗憾地看了一眼蛋糕，只是闻了闻那股香气。"不用了，谢谢，夫人，"她说，"我来是有消息要告诉……呃……潘德拉贡夫人。"卡西法在哪儿？

"噢，她在，就坐在那儿呢。"希尔达公主说着指了指方向，"不得不说，孩子们现在表现很好，但愿一直如此！"

她嗖地转过身，去问另一位衣着豪华的宾客需不需要蛋糕。虽然转身时的声音很动听，但她的礼服似乎并不如房间里的其他人华丽。礼服已经褪色，白得让查曼想起彼得念过漂白咒语后的那袋衣服。噢，请别让彼得对那些卢博克的卵念什么咒语！查曼一边走向苏菲，一边祈祷着。

"你好啊。"苏菲说，笑得很紧张。在她身后，闪闪正在木马上摇晃着，发出喀喀喀的声响，令人很恼火。那个胖乎乎的奶妈站在她旁边叫着："闪闪少爷，求你从上面下来吧。你这样太吵了，闪闪少爷。闪闪少爷，我不想再对你说第二遍了！"一遍接着一遍，这似乎令人更加恼火。

苏菲屈膝低下身，给了摩根一块红色积木，摩根拿着积木递给查曼。"蓝积木。"他对她说。

查曼也低下身。"不，这不是蓝色的，"她说，"再猜猜看。"

苏菲低声地开口说道："很高兴见到你，我一点儿也不在乎这个王子，也不在乎那个和他一起的打扮过头的蠢妇人，你呢？"

"紫色？"摩根又猜，还是举着那块积木。

"你说得对。"查曼低声对苏菲说，"不，那不是紫色的，那是红色的，但那个王子是紫色的，他的眼睛是紫色，他是卢博金。"

"什么？"苏菲疑惑地问。

"红色？"摩根一边问，一边半信半疑地看着那块积木。喀喀，摇摆木马还在发出噪声。

"是的，红色。"查曼说，"我没法在这里解释，告诉我卡西法在哪儿——我会解释给他听，他会告诉你。我急需卡西法帮忙。"

"我在这儿，"卡西法说，"你需要我帮什么忙？"

查曼回过头。卡西法正睡在壁炉里木头的火焰上，他的蓝色火焰和木头的橘色火焰混合在一起,看起来很协调,他开口说话之前,查曼几乎都没有注意到他。"噢,感谢上天!"她说,"你能立刻跟我去诺兰巫师的房子吗?我们有紧急情况,只有火魔能处理,拜托了!"

第十三章

卡西法非常活跃

卡西法橙色的双眼转向了苏菲。"你还需要我在这里守卫吗?"他问她,"还是你们俩足够应付了?"

苏菲担心地看了看那群穿着体面聊着天的人。"我想现在没人会轻举妄动,"她说,"不过快点回来,我有不祥的预感。我一点儿也不信任那个紫色眼睛的家伙,还有那个恶心的王子。"

"好的,一定很快。"卡西法噼里啪啦地说着,"起来吧,查敏小姐,我要坐到你手上。"

查曼站起身,以为自己会被烧伤——或者至少会被火燎到。摩根不想让她走,朝她挥舞着一块黄色积木,大声喊着:"绿色,绿色,绿色!"

"嘘!"苏菲和闪闪不约而同地说。那个胖胖的奶妈还说:"摩根少爷,不可以叫,尤其是在国王面前。"

"是黄色。"查曼一边说,一边等待着所有看着他们的人转过脸去。她开始意识到,这些贵客们都不知道卡西法在火中,而卡西法希望继续保守秘密。

等到大家都失去了兴趣，转过身继续聊天，卡西法从火里跳了出来，轻轻地落在查曼紧张的手指上，就像是一盘蛋糕。他一点儿也没有弄伤查曼。事实上，查曼几乎都感觉不到他的重量。

"真聪明。"查曼说。

"假装端着我，"卡西法回答，"然后走出房间。"

查曼弯着手指端着这个假的盘子，朝门口走去。让她松口气的是，路德维克王子已经走开了，反而是国王向她走来。他微笑着向查曼点点头。

"带点儿蛋糕去，哦，我看到了。"他说，"好吃吧？真不知道为什么这里有那么多摇摆木马，你知道吗？"

查曼摇摇头，国王于是转身离开，还是微笑着。"为什么？"查曼问，"有那么多木马？"

"守卫，"那盘蛋糕说，"快开门，我们出去。"

查曼从假的盘子上松开一只手，打开门，悄悄走进了潮湿又充满回音的走廊。"要保护谁？为什么保护？"她一边问，一边尽量轻轻地关上门。

"摩根，"那盘蛋糕说，"苏菲今天早上收到一张匿名纸条。上面说：'停止调查，离开卜诺兰，不然你的孩子就危险了。'不过我们不能走，苏菲答应公主她要留在这里，直到我们查出那些钱的去向，明天我们会假装离开——"

卡西法的话被尖锐的狗叫声打断了。瓦伊夫从转角处冲过来，高兴地扑到查曼的脚踝上。卡西法跳了起来，恢复自己原来的样子,像一滴蓝色的眼泪飘在查曼的肩头,查曼抱起瓦伊夫。"你怎么会来——"她一边问,一边闪躲着瓦伊夫的舌头。她忽然发现,瓦伊夫一点儿也没有湿。"噢,卡西法,她一定是从房子绕近道过来的!你能带我们去会议厅吗?我们可以从那里回去。"

"容易。"卡西法像一颗蓝色彗星向前飞去,速度快得查曼都快跟不上了。他转过几个弯,飞进一条走廊,能闻到厨房的气味。不久,查曼便发现自己背靠着会议厅,怀里还抱着瓦伊夫,卡西法则飘在她的肩头,她努力回忆着从这里该怎么走。卡西法说:"这儿走。"然后在她面前蜿蜒着往前冲。查曼尽量跟着他,发现自己来到了卧室所在的走廊。阳光从威廉叔公书房的窗户里射进来。彼得冲到他们面前,看起来脸色苍白,十万火急。

"噢,乖狗狗,瓦伊夫!"他说,"是我让她去找你的,快来看这个!"

他转身跑到走廊另一头,颤抖地指着窗外。

山顶的草地上,大雨渐渐停了,大朵像是快要溶解的乌云显然还将在下面的镇里降下更多雨水。山上架起了彩虹,在乌云前显得那么亮眼,而在草地上却很迷蒙。潮湿的草地在阳光照射下闪闪发光,让查曼有些眩晕,看不清彼得指的方向。

"是卢博克,"彼得嘶哑地说,"对吧?"

卢博克就在草地中央,紫色的身体那么高大。它轻轻弯下身,听一个地精灵在说话,那个地精灵上蹿下跳,指着彩虹,显然在对卢博克大吼大叫。

"那就是卢博克,没错。"查曼颤抖着说,"那个是罗洛。"

她一边说着,一边看到卢博克大笑着,面对彩虹转着它的昆虫复眼。它小心地往后退了几步,迷蒙的彩虹仿佛就落在了它那双昆虫脚的后面。它弯下身,从草地下拿出一个小小的陶罐,罗洛依旧上蹿下跳。

"彩虹尽头的那罐一定就是金子。"彼得惊讶地说。

他们看到卢博克把那个罐子交给罗洛,罗洛用双手接过来,那一定很重。罗洛不再跳跃,开始左摇右晃,抬着头高兴地笑着。他转身摇摇晃晃地准备离开。他没有发现卢博克正狡猾地在他身后伸出它那长长的紫色的嘴。他似乎也没有发现有东西戳入了他的背部。他抓着那个罐子大笑着,然后沉入草地消失了。卢博克也开始大笑,站在草地中间挥舞着它那昆虫的双臂。

"它刚在罗洛身上产卵了,"查曼轻轻说,"而他完全没有注意!"她感觉很不舒服,相同的事情也差不多在她身上发生过。彼得看起来很害怕,连瓦伊夫也在颤抖。"你知道吗,"她说,"我觉得卢博克或许答应给罗洛一罐金子,要他在地精灵和威廉叔公之间引发矛盾。"

"我想一定是的,"彼得说,"你来之前,我听到罗洛大叫他要他的报酬。"

他打开窗听了,查曼心想,这个笨蛋。

"我要宣战了。"卡西法说。他也变得很微弱,很暗淡。他有些颤抖地用轻微的噼啪声说。"我要打败那个卢博克,要不然我就太不配苏菲给我的生命了,等等。"他说完,直挺挺地飘在空中，合上了他橙色的双眼。

"你是火魔吗？"彼得问，"我从来没有见过——"

"安静，"卡西法说，"我在集中注意，必须万无一失。"

什么地方传来了轻微的隆隆声。随后，头顶上还有身后的窗外飘来了什么东西，查曼起初还以为是雷雨云。草地上出现了一个巨大的、黑色的、高塔状的影子，那影子很快靠近了大喜中的卢博克。卢博克回头看到那个影子落在它身上，停住不动了片刻。然后，卢博克开始逃跑。此时，那影子后面露出了一座城堡，那是一座巨大的黑色石块建成的高大城堡，四个角上都有塔楼。他们看到那些巨大的石块都在晃动着，一边抖动一边互相摩擦着。它紧紧追着卢博克，比卢博克跑得更快。

卢博克闪躲开，城堡在它身后转了个方向继续追赶。卢博克伸出它长满绒毛的翅膀，想要跑得更快，大步朝着草地尽头的岩石跑去。它跑到岩石后，转了个身，朝另一个方向跑去，那是窗口的方向，它一定是希望城堡撞到岩石上。但城堡毫不费力地转过身，更快地追赶上去。一阵阵黑烟从城堡的塔楼中冒出来，在越来越模糊的彩虹前飘散了。卢博克一边跑一边转动着它众多眼睛中的一只，然后低下它的昆虫头往前猛冲，触角在颤动着，翅膀在拍打着，沿着悬崖边上曲折地跑着。那双翅膀上已经满是紫色的斑点，但它似乎并不能用它们来飞翔。查曼明白了为什么它当时没有跟着她跳下悬崖：因为它飞不回去。卢博克没有跳下悬崖逃跑，而是一直在跑，企图引诱城堡跟着它，不慎坠落。

城堡确实一直跟着。它还是继续冒着烟，在悬崖边快速追赶着，平衡感也非常完美，尽管它有一半露在悬崖外面。卢博克发出绝望的叫喊，又一次改变了方向，往草地中间冲去。它使出了最后一招诡计，把身体变小。它缩小成了一只紫色的昆虫，躲进了花草丛中。

城堡很快也追到了那个地点。它抖了一下，停在了卢博克消失的地方。火焰开始从它的下方冒出来，先是黄色的火焰，随后是橘色的，接着是火红色，最后是白色的蒸汽，亮得让人睁不开眼。火焰和浓烟从它的四周升起，与塔楼冒出的黑烟混合在一起，草地上充满了灼热的黑色浓雾。看起来像是好几个小时，其实或许只有几分钟，城堡从一片烟光中露出模糊的外形，仿佛太阳从云层后探出身来。他们从带有魔法的窗户后都能听到剧烈的燃烧声。

"好了，"彼得说，"我想解决了。"他转过身对着查曼，而她也发现，他的眼睛现在闪耀着奇怪的银色。"你能打开窗吗？我要去确认一下。"

查曼松开窗锁，打开窗子，城堡抬起身，向旁边移去。所有的烟雾都汇聚成了一股巨大的黑色气体，飘到悬崖外的山谷中，飘散不见了。卡西法飘到草地中，城堡站着不动，只是塔楼中还有几缕烟冒出来，旁边有一块方形焦土，一股可怕的气味飘进窗来。

"噢！"查曼说，"那是什么？"

"烤卢博克，我想。"彼得回答。

他们看着卡西法飘到那块烧焦的地上。在那里，他变成了一道蓝光，在焦黑的土地上来回旋转，直到他检查过每一片细小的土地。

他飘回来时,眼睛又回复了往日的橙色。"好了,"他高兴地说,"消灭了。"

很多花也被消灭了,查曼心想,不过这样说似乎不太礼貌。重要的是,卢博克被消灭了,真的消灭了。

"花明年还会再开的。"卡西法对她说,"你找我来是为了什么?这个卢博克?"

"不,是卢博克的卵。"彼得和查曼异口同声地说。他们提到了精灵说的话。

"带我去看。"卡西法说。

他们一起往厨房走去,除了瓦伊夫,她哀叫着,不愿跟去。从厨房的窗户,查曼看到阳光照射下的院子,晾衣绳上依旧挂满了滴着水的粉色、白色、红色衣物。彼得显然没有把它们收进来。她很好奇这段时间他都做了些什么。

那个玻璃盒子还在桌上,卵也还在里面,但盒子沉到了桌子里,只有一半露在外面。

"它怎么会这样?"查曼问,"因为卵里的魔法?"

彼得看起来有点儿害羞。"也不是,"他说,"那是因为我对它念了安全咒语。我是去书房想找另一个咒语的时候看到罗洛在和卢博克说话的。"

果然被猜中了吧!查曼心想,这个笨蛋总是以为他无所不能!

"精灵的咒语已经相当够用了。"卡西法一边说,一边飘到埋在桌里的玻璃盒子上。

"但他说这很危险！"彼得抗议道。

"你让这变得更加危险，"卡西法说，"你们俩都别靠近，现在都别碰这个盒子，你们有人知道这儿哪里有坚硬的岩石吗？我去消灭这些卵。"

彼得让自己尽量看起来放松，查曼记得她从悬崖上掉下来时，差点撞到大岩石，从那里才开始飞行。她尽量向卡西法描述那段峭壁的位置。

"在悬崖下面，我明白了。"卡西法说，"你们谁去帮我开下后门，接着退后。"

彼得急忙跑去开门。查曼能够感觉到，他为自己对玻璃盒所做的事情而感到羞愧。不过这并不妨碍他再做出一样蠢的事情来，她心想，但愿他吸取教训！

卡西法在玻璃盒上盘旋了片刻，然后飞转去了门口。飞到一半时，他似乎停了一下，抽搐、颤抖了片刻，然后一下子变成原来的两倍大小，像一个巨大的蓝色蝌蚪，接着便又径直向前冲去，穿过晾着的五颜六色的衣服。玻璃盒发出松动的摩擦声，然后又传来像是扔木板的声音，跟着卡西法飞了出去。装着卵的玻璃盒在院子上空飘浮着，随后跟着卡西法小小的蓝色眼泪形状的身体远去。彼得和查曼走到门口，看着玻璃盒闪着光飞过绿色的山坡，飞向卢博克的草地，直到消失在视野中。

"噢！"查曼说，"我忘记告诉他路德维克王子是个卢博金！"

"他是吗？真的？"彼得说着关上了门，"难怪我母亲离开了这个国家。"

查曼从来都对彼得的母亲没有任何兴趣。她不耐烦地转过身，看到桌子现在又变得平整了，真是松一口气。她刚刚一直在想，桌子中间有一个方形凹槽该怎么办。"你用了什么安全咒语？"她问。

"我会告诉你的。"彼得说，"我想再去看看那个城堡，你觉得我们可以打开窗跳出去吗？"

"不行。"查曼说。

"可是卢博克已经死了，"彼得说，"那里没有危险了。"

查曼强烈地感觉到彼得在自找麻烦。"你怎么知道只有一只卢博克？"她问。

"百科全书上说的，"彼得辩驳道，"卢博克是独自生存的。"

他们激烈地争辩着，一路吵着走进里面的门，左转来到走廊上。彼得忽然旁若无人地冲向窗口，查曼追赶着他，抓着他的外套想把他拉回来。瓦伊夫跟在他们后面，痛苦地叫着，她缠住彼得的双脚，让他摔倒在地，两只手扒在窗上。查曼紧张地看着窗外的草地，在橘色的落日余光下闪着安详的光泽，城堡依旧安坐在那块焦黑的草地边，那是她见过最奇怪的一座建筑。

一道闪光让他们都睁不开眼。

过了片刻，又传来一声爆炸巨响，与闪光同样强烈。他们脚下的地板微微颤动，窗户也变得有些模糊。每一样东西似乎都在摇晃。从晶莹的泪花和模糊的视线中，查曼仿佛看到了整个城堡在剧烈摇晃。她的耳朵模糊得仿佛要失聪，似乎听到了岩石碰撞、碎裂、坠落的声音。

瓦伊夫真聪明！她心想。如果彼得刚才在外面，现在也许已经死了。

"你觉得那是什么？"他们又开始听得见声音时彼得问。

"当然是卡西法消灭了卢博克的卵，"查曼说，"他飞去的岩石就在草地正下方。"

他们一起眨着眼，想要摆脱眼睛里飘浮着的蓝色、灰色、黄色的眩晕斑点，他们互相盯着对方。很难相信，但几乎一大半草地都不见了。半圆形的一大块草地，像被咬掉了巨大的一口，从绿色的山坡上消失了，那下面一定发生了一场巨大的山崩。

"嗯，"彼得说，"你说他会不会把自己也消灭掉了？"

查曼说："但愿不会。"

他们等待着，观望着。他们又能渐渐听清楚声音，就和往常一样，除了还有一些细微的嗞嗞声。那些斑点也渐渐从他们眼中褪去。过了一会儿，他们同时注意到城堡在移动，看起来很难过、很迷茫，它穿过草地，走向另一侧的岩石。他们等待着，观察着，直到它从岩石上飞走，消失在视野中，还是没有卡西法的踪迹。

"他或许回厨房了。"彼得说。

他们回到厨房。他们打开后门，看了看挂着的衣服中间，但依旧没有飘浮的蓝色眼泪形物体的踪迹。他们回到客厅，打开前门，可外面唯一的蓝色只有那丛绣球花。

"火魔会死吗？"彼得问。

"我不知道。"查曼回答。就跟平常一样，在遇到麻烦的时候，她知道她想做什么。"我要去找本书读。"她说。她坐到最近的沙发上，戴上眼镜，从地上捡起《魔法师历程》。彼得生气地叹口气，走开了。

但这毫无用处，查曼完全无法集中注意。她不停想着苏菲，还有摩根。很明显可以看出来，卡西法，非常奇怪地，是苏菲家的一员。"那甚至比失去你还要糟糕。"她对跑来坐到她鞋子上的瓦伊夫说。她不知道是不是该跑去皇室宅邸告诉苏菲刚才发生的事情。但现在天已经黑了，苏菲可能正在参加正式的晚宴，坐在卢博金王子对面，还点着蜡烛什么的。查曼想了想，她不敢再一次闯进宅邸打扰他们了。此外，苏菲已经非常担心针对摩根的威胁，查曼不想让她更加担心。又或许卡西法明早就会出现，毕竟他是火做的。然而，那个爆炸似乎足以把任何东西炸成碎片。查曼想着蓝色火焰的碎片四散在崩裂的山崖间——

彼得回到客厅。"我知道我们该做什么了。"他说。

"什么？"查曼焦急地问。

"我们要去地精灵那儿告发罗洛。"彼得说。

查曼瞪着双眼，她摘下眼镜，让自己眼睛瞪得更大。"地精灵和卡西法有什么关系？"

"没关系，"彼得困惑地回答。"但我们可以证明卢博克收买了罗洛来制造麻烦。"

查曼想着要不要跳起来把《魔法师历程》砸到他的头上，该死的地精灵！

"我们该出发了，"彼得劝说道，"别等到——"

"早上再说。"查曼坚定地说，"等我们去岩石上确认了卡西法的情况。"

"但是——"彼得说。

"因为，"查曼一边说，一边迅速思考着理由，"罗洛要去把他的金罐子藏起来，你告发他的时候，他应该在场。"

让她惊讶的是，彼得想了想后同意了她的说法。"我们来打扫下诺兰巫师的卧室吧，"他说，"以防他们明天就把他送回来。"

"你自己去打扫。"查曼说。不然我就要朝你扔书了，她心想，还可能再扔一个花瓶！

第十四章

再次挤满了地精灵

查曼第二天早上醒来时还想着卡西法。她走出盥洗室时，看到彼得正忙着给威廉叔公的床换床单，然后把旧床单塞进脏衣袋里，查曼叹了口气，又要干活。

"刚好，"她一边对瓦伊夫说，一边把装着狗粮的碗放下，"让他去开心地忙活吧，我去找卡西法，那你要跟我一起去岩石那儿吗？"

瓦伊夫和平常一样，只要查曼去的地方，她都高兴前往。吃完早饭后，她急切地跟着查曼穿过客厅来到前门。但她们没有去岩石那儿。查曼的头刚靠近门把，瓦伊夫就从后面冲过来推开了门。罗洛正在门口准备用他蓝色的小手取每天给他的那罐牛奶。瓦伊夫叫了几声，跳到他身上，用她的嘴咬住他的脖子，把他钉在地上。

"彼得！"查曼站在洒出来的牛奶中大叫，"快来！我们需要一个袋子！"她一只脚踩着罗洛不让他动。"袋子！袋子！"

她尖叫着。罗洛疯狂地挣扎着，在她的鞋子下扑腾，而瓦伊夫松开了嘴巴，开始吠叫。罗洛也跟着加入了这嘈杂的声音中，"救命！谋杀！暴力！"叫声刺耳。

彼得跑着赶过来。他看到门外的一幕，抓起一只贝克夫人的绣花食品袋，从罗洛挣扎的双腿套上去，查曼终于可以调整下呼吸，并开始解释。接着，彼得用袋子整个套住罗洛，罗洛在袋子里扑腾、扭打、溅起了牛奶，而彼得开始把手伸进自己的口袋里。

"干得好！"他说，"从那口袋里找点儿带子出来行吗？别让他逃跑了。"查曼从那个口袋里找到一根长长的紫色带子，他又说："你吃早饭了吗？好，把这个袋子的上面绑紧了，抓紧它，我去准备下，我们这就去他们那里。"

"救命！救命！"彼得把袋子交给查曼的时候，里面还在呼喊着。

"闭嘴。"查曼对里面说，同时两只手紧紧抓着紫色带子的上面。袋子在地上左右扭来扭去，查曼看着彼得从每个口袋里都掏出各种颜色的带子来。他把红色的绑在左手拇指上，绿色的绑在右手拇指上，紫色、黄色、粉色分别绑在右手的前三个手指上，然后是黑色、白色、蓝色绑在左手的前三个手指上。瓦伊夫站在门口，残缺的耳朵上翘着，好奇地看着这个过程。

"我们这是要去找彩虹的末端吗？"查曼问。

"不是，但我要这样才能记住去地精灵那儿的路。"彼得解释，"好了，把前门关上，我们出发。"

"大骗子！"袋子里还在叫着。

"你也是！"彼得说着走向了里面的门。瓦伊夫跟在后面，查曼拖着翻腾的袋子。

他们穿过门后右转，查曼有些心不在焉地想说她以为那是去会议厅的路。她记得地精灵们来去都很轻松，罗洛也能很快沉入山上草地的土里。她感觉似乎罗洛从这个绣花袋子底下逃走也只是时间问题。她一只手托在下面，但她肯定这还不够。她的手指间还滴着牛奶，但还是尝试着想用咒语困住罗洛。问题是，她不知道该如何做。她唯一能想到的就是用她对待彼得弄漏的那些水管的咒语。待在里面！待在里面！她心里对着罗洛默念着，同时摩擦着袋子的底部。每一次摩擦都让袋子里传来一声低沉的叫声，这让她更加确定罗洛在挣扎。于是，她只是跟着彼得转来转去，没有注意去地精灵那儿的路怎么走。她注意到的时候，他们已经到了。

他们站在一个明亮的巨大洞穴外面，里面全是跑来跑去的蓝色小人。看不太清楚他们大多数人正在做什么，因为视线被入口的一件奇怪的东西挡住了。这件东西看起来很像马拉的雪橇，上诺兰的人们在冬天下雪不能用马车时会用到，只是洞口这架看上去前面没法拴马，它的后面倒是有一个巨大的弯曲的把手。实际上，那件东西上到处都是弯曲的部件。十几个地精灵正在上面敲敲打打，爬上爬下。有些在里面铺上衬垫和羊毛毯，有些在捶打、雕刻，剩下的在外面的金色背景上画着卷曲的蓝色花朵。这个完成后一定非常华丽，不管这是什么东西。

彼得对查曼说："我能相信你这次会礼貌些吗？至少记得要得体些？"

"我可以试试看，"查曼说，"看情况吧。"

"那让我来说。"彼得告诉她。他拍了拍离他最近的正忙碌着的地精灵的后背："抱歉，能告诉我哪里能找到缇明兹吗？"

"往洞里走，正中间。"地精灵高声喊着，用她的笔刷指了指方向，"他正在做布谷鸟报时钟，你找他做什么？"

"我们有很重要的事情要告诉他。"彼得回答。

这让大多数在雪橇前干活的地精灵都产生了兴趣。他们中有些转过身担心地看了看瓦伊夫。瓦伊夫立刻表现得很活泼，很害羞，很可爱。剩下的地精灵看着查曼，还有那个翻滚着的绣花袋子。"袋子里是谁？"有一个问查曼。

"罗洛。"查曼回答。

他们中大多数人点点头，看起来一点儿也不惊讶。彼得又问："我们可以去见缇明兹吗？"他们一起点着头，告诉他："去吧。"查曼感觉这里没人喜欢罗洛。罗洛似乎也知道这点，他停止了挣扎，也不再吵嚷了，彼得绕过那个奇怪的东西，查曼跟着他，把袋子举到一侧，以免沾到油漆。

"你们在做什么？"她问最近的地精灵。

"是精灵们委托的。"有一个回答。另一个又说："花费很多。"又一个说："精灵们给的价总是很好。"

查曼走进洞穴，感觉依旧困惑。洞里很大，还有小地精灵宝宝在忙碌的大人们中跑来跑去。他们大多数看到瓦伊夫后都尖叫着跑开了。他们的父母则躲到他们正工作的地方背后，继续刷油漆、抛光、雕刻。彼得他们经过了摇摆木马、玩具房子、婴儿椅、大摆钟、木长椅、发条木偶，最后终于看到了布谷鸟报时钟,一定不会弄错,那太大了。巨大的木质外框一直高耸入被魔法点亮的屋顶;巨大的钟面被单独支撑着,占满了外框边的墙面;而一群地精灵正在勤劳地为钟里的布谷鸟贴上羽毛,那布谷鸟比查曼和彼得加在一起还要大。查曼心想,谁会需要一只那么大的布谷鸟报时钟。

缇明兹正在巨大的机械装置上爬来爬去,手里拿着一个小钳子。"他在那儿。"彼得认出了他的鼻子。彼得走到那件巨大的装置前,清了清嗓子:"抱歉,嗯,打扰了。"

缇明兹吊在一个金属转轴上,看了他们一眼。"噢,是你们。"他看到了袋子,"你们现在会绑架人了?"

罗洛一定是听到了缇明兹的声音,感觉找到了朋友。"救命!救命!"他开始在袋子里大呼小叫起来。

"是罗洛。"缇明兹的语气里带着指责。

"是的,"彼得说,"我们把他带来向你招认,山上的卢博克买通了他来给你们和诺兰巫师之间制造麻烦。"

"胡说,诬陷!"袋子还在大叫。

不过缇明兹已经吓得蓝里透白。"卢博克?"他说。

"对,"彼得说,"我们昨天看到他在向卢博克要酬劳,而卢博克从彩虹的尽头取出一罐金子给了他。"

"胡说!"袋子大声地抗议着,"诬陷!"

"我们俩都看到了。"彼得说。

"把他放出来,"缇明兹说,"让他说话。"

彼得朝查曼点点头。她把手从袋子底下拿走,停止默念她希望会有帮助的咒语。罗洛立刻掉到了地上,开始往外吐还沾着牛奶的绣花羊毛和碎屑，同时盯着彼得看。

我的魔法真的成功了！我把他困在了里面！查曼心想。

"你看到他们什么样了吧？"罗洛生气地说，"把一个人装进袋子，嘴里塞满东西，不让他说话，而他们在那里肆意毁谤！"

"你现在可以说话了，"缇明兹说，"你是不是从卢博克那里拿了一罐金子，然后在我们和巫师之间引发矛盾？"

"我怎么可能这么做？"罗洛不出意料地回答，"没有地精灵敢不要命和卢博克说话的，你都清楚！"

现在一群地精灵都围了过来——还是与瓦伊夫保持一段安全距离——罗洛激动地朝他们挥着手。

"保持理智！"他说，"我是谎言的受害者！"

"你们带几个人去搜查他的洞穴。"缇明兹命令道。

几个地精灵立刻出发了，罗洛跳起来，"我跟你们一起去！"他大叫着，"我要证明那里什么都没有！"

罗洛刚走出三步，瓦伊夫就从后面抓住他的蓝色外套，又把他扑到了地上。她把他压在原地，用牙齿咬着罗洛的衣服，尾巴左右摇摆着，一只耳朵朝着查曼竖了起来，仿佛在说："我表现得好吗？"

"你干得太棒了，"查曼告诉她，"好狗狗。"

罗洛大叫："把她赶走！弄伤我的背了！"

"不，你要待在这里，直到他们搜完你的洞穴回来。"查曼说。罗洛叉起手臂，义愤填膺地坐在地上。查曼转头对缇明兹说："能请问你，是谁要那么大一只钟吗？趁我们等着的时候。"她解释，但又看到彼得朝她摇着头。

缇明兹看着这个钟的巨大部件。"皇冠王子路德维克。"他说，听得出有些忧郁的得意之情，"他要为快乐城堡定做一只大钟。"那忧郁盖过了得意，"他一分钱都还没付，他从来不付钱，一想到他其实多么有钱——"

他的话被跑回来的地精灵打断了。"在这里！"他们叫着，"是这个吗？在他床底下！"

跑在前面的地精灵两手抱着那个罐子。那看上去就是一个普通的陶罐，像是在炉子上炖东西会用的那种，只是它四周闪耀着微弱的彩虹光彩。

"就是这个。"彼得说。

"那你们觉得他怎么处理那些金子了？"那个地精灵问。

"你什么意思？我怎么处理金子？"罗洛问，"那个罐子可是装满了——"他不再说下去，意识到已经说漏了嘴。

"里面没有了，要是不相信的话，你自己看。"另一个地精灵回答。他把罐子放在罗洛张开的双腿前，"我们找到的时候就是这样。"

罗洛俯身看了看罐子里面，他发出悲伤的哭喊。他把手伸进罐子里，只从里面抓出来一把干枯的黄叶。于是他又伸进去抓出一把，又是一把，最后他两只手一起伸进空空的罐子，瘫坐在满地枯叶之中。

"都不见了！"他哀号着，"都变成了枯叶！那个卢博克骗了我！"

"所以你承认卢博克收买你来制造麻烦了？"缇明兹问。

罗洛侧过身瞪了缇明兹一眼。"我什么也没承认,我只是被偷了。"

彼得咳嗽了一声。"啊咳,我想卢博克不只是骗了他,还更糟。它在罗洛身上产了卵,就在他转身的时候。"

四周响起了惊呼声。长着大鼻子的地精灵们都看着罗洛,蓝色的脸因恐惧而变得惨白,鼻子和身体也一样,然后他们转过身看着彼得。

"是真的,我们都看到了。"彼得说。

他们转向查曼时,她点点头。"是真的。"她说。

"说谎!"罗洛大叫,"你们在跟我开玩笑!"

"不,我们没有!"查曼说,"你钻进地里前,卢博克伸出了它产卵的长嘴,刺进了你的背里,你刚不是说你的背痛吗?"

罗洛的双眼紧紧盯着查曼,他相信她的话,他的嘴大张着。瓦伊夫一边叫着,一边匆忙跑开了。他把罐子丢到一边,两只脚在一地枯叶中猛踩,不停地惊叫,直到他的脸变成了另一种蓝色。"我没救了!"他痛苦道,"我是具会走路的尸体!我的身体里有东西在繁殖!救命!噢,请救救我,来人救我啊!"

没有人来救他。所有的地精灵都退到一边,惊恐地看着他。彼得看起来很厌恶。一个女地精灵说:"多可耻的表演啊!"而这对查曼来说似乎很不公平,因为她不禁对罗洛感到同情。

"精灵们可以帮他。"她对缇明兹说。

"你说什么?"缇明兹活动着他的手指,大家忽然安静了下来。尽管罗洛还是继续踏着他的脚，嘴巴还是一张一合，但没有人在听他吵闹。"你说什么？"缇明兹对查曼说。

"精灵，"查曼说，"他们知道怎么把卢博克的卵从人体内取出来。"

"是的，他们会，"彼得附和，"诺兰巫师体内就被注入了卢博克的卵，因此他们才会带他去治疗，一个精灵昨天带来了从他体内取出的卵。"

"精灵们要价很高。"查曼右脚边的一个地精灵说，声音听起来很有特色。

"我想国王会付钱。"查曼说。

"呼！"缇明兹的眉头一直皱紧到了他的鼻子。他叹了口气。"我想，"他说，"我们可以免费为他们做那个雪橇椅，以此交换他们为罗洛治疗。该死！这就两件委托得不到报酬了！你们把罗洛抬到床上去，我去和精灵们谈。另外，我再次提醒你们，不要靠近草地。"

"噢，现在好了，"彼得高兴地说，"卢博克死了，火魔消灭了它。"

"什么？"所有的地精灵都发出了尖叫声。"死了？"他们惊呼着，"真的？你是说国王那儿的那个火魔？他真的消灭它了？"

"是的，真的。"彼得在一片嘈杂声中大吼着，"他消灭了卢博克，又毁掉了精灵们带来的卵。"

"我们想，他还牺牲了自己。"查曼补充道。她很肯定没有地精灵听到她说了什么。他们都忙着手舞足蹈，欢呼雀跃，把他们的蓝帽子抛向空中。

那吵闹声安静一些后,四个健壮的地精灵抬走了罗洛,他还在乱踢乱叫,缇明兹对彼得认真地说:"那个卢博克让我们所有人都很害怕,皇冠王子是它的后代,你觉得我们该如何感谢火魔?"

"把诺兰巫师厨房的水龙头放回去。"彼得立刻回答。

"那个,"缇明兹说,"自然理所应当,是因为罗洛,那些龙头才会被取走的。我的意思是说,我们只是地精灵,能为火魔做些什么他不能做的事情?"

"我知道。"查曼说。每个人都恭敬地收起声音听她说下去:"卡西法和他的……呃……家人在帮忙寻找国王消失的钱币的下落,你们能帮助他们吗?"

查曼的脚边响起了低声细语,"这太容易了!""没问题!"之类的,还有一些嘲笑声,仿佛查曼问了一个愚蠢的问题。缇明兹仿佛松了口气,眉头完全舒展开,这让他的鼻子——还有整张脸——变得比原来长两倍。"那很容易,"他说,"我们不要报酬。"他看了看洞穴的另一侧,至少挂着六十只布谷鸟报时钟,它们的钟摆正以六十种不同的节奏在摇摆着。"如果你们现在跟我来,我想我们应该刚好可以看到钱币消失的过程,你确定火魔会因此高兴吗?"

"绝对会。"查曼回答。

"那请跟我来。"缇明兹说,他带着他们往洞穴的后方走去。

他们要去的地方似乎要走很长的路,查曼又像来地精灵洞穴时一样不知所措了。这一路上都很昏暗,道路很崎岖、蜿蜒。缇明兹时不时会说"走三小步,右转"或者"按人类的步伐走八步,左转,然后立刻右转,再左转",这样持续了很久,连瓦伊夫都累得大叫,想被抱着走。查曼在走了大约一半路时抱起了她。

"我必须要解释,地精灵有不同的种族。"缇明兹正说着,前方似乎终于出现了一些亮光。"我认为我的族群比他们的管理得更好。"查曼还没来得及问他这是什么意思,他就又开始一阵或快或慢地右转左转,还穿插着一些曲折的路程,于是,她发现他们来到了一段地下通道的尽头,那里闪着冰冷的绿色亮光。大理石台阶上长满了绿色的霉,通向树丛中。那些树丛一定是曾经种在台阶两边的,但现在已经生长得完全填满了这个空间。

瓦伊夫开始吼叫,听起来像是比她大两倍的狗发出的叫声。

"嘘!"缇明兹悄悄说,"从这里开始不要发出任何声音。"

瓦伊夫立刻停止了叫声,但查曼还是感觉她那燥热的小小的身体中有呐喊声在蠢蠢欲动。查曼转过身,想确认彼得也能够保持安静。

彼得不在那里,只有她自己、瓦伊夫和缇明兹。

查曼非常恼火,她知道发生了什么。在这条混乱的路上的某处,缇明兹说"左转",而彼得右转了,也可能反过来。查曼不知道这是什么时候发生的事情,但她知道一定如此。

没关系,她心想,他手指上绑着那么多彩色带子,足够让他找到去英格里再回来的路。或许他要比他们还早到威廉叔公的房子。于是她忘记了彼得,开始集中注意蹑手蹑脚地在那条湿滑发霉的台阶上爬着,然后又轻轻拨开一片叶子,从树丛中望出去。

树丛外阳光普照,绿草莹莹,在阳光下闪着美丽的光彩,一条耀眼的白色花园小径从中间穿过。小径两边的树上刻着球体、圆点、锥形、圆盘,像一堂几何课,一直通到一座童话般的宫殿——宫殿周围有许多尖塔,上面覆盖着蓝色的小小屋顶。查曼认出了这是快乐城堡,是路德维克王子住的地方。她有些惭愧地想到,每次她看到书里提到宫殿,心里想象的就是这样一座建筑。

我一定很缺乏想象力,她心想。然后想想又觉得不是。每次五朔节她父亲做奶油酥饼来卖时,装酥饼的盒子上都会印着快乐城堡。毕竟,快乐城堡是上诺兰的骄傲。难怪要走那么远!她心想,我们一定走到了诺兰山谷深处!这依然是我心中完美的宫殿!

那白色的灼热的小径上传来了脚步声,路德维克王子出现了,穿着蓝白色的豪华丝绸衣服,正朝宫殿走去。他走到查曼所在的树丛前时,刚好停了下来,转过身。"跟上,快点!"他生气地说,"加把劲!"

"我们在努力,陛下!"一个气喘吁吁的声音说。

一队地精灵拖着沉重的脚步走进了视野,每一个都弓着腰,背着一个鼓鼓囊囊的皮袋子。他们更像是暗绿色而不是蓝色,而且看起来都不怎么开心。可能是因为阳光——地精灵们喜欢生活在黑暗中——但查曼心想,他们身上的颜色看起来更像是健康状况不佳。他们的腿颤颤巍巍,有一两个还在剧烈地咳嗽。走在队伍最后的那个看起来情况非常糟糕,他跌跌撞撞摔倒了,身上的包摔在地上,里面撒出来一些金币,落在炽热的白色小径上。

此时,那位不显眼的先生也走进了视野。他来到那个摔倒的地精灵前,开始踢他。他踢得不算重,看起来也不是很残忍:他似乎只是想让一台机器重新运作起来。地精灵被他踢过后,爬了起来,绝望地捡起金币,全部装回袋子里,又摇摇晃晃重新上路了。那位不显眼的先生不再踢他,走到了路德维克王子身边。

"看起来这也不算重,"他对王子说,"这或许是最后一次,他们没有剩下的钱了,除非国王把他的书卖掉。"

路德维克王子大笑:"要他这么做,他宁可去死——不过这对我来说倒不错,我们要想点儿别的办法赚钱了。维护快乐城堡太费钱了。"他回头看了眼摇摇晃晃的地精灵们。"继续走,别停!我要回皇室宅邸喝茶了。"

那位不显眼的先生点点头,走回到地精灵身边,又准备要踢他们,王子一边等着他,一边说:"不瞒你说,如果我这辈子再也吃不到任何一块煎饼了,那对我来说也太快乐了!"

地精灵们看到不显眼的先生走过来,于是努力加快脚步。查曼仿佛又等了很久,这队人才从她视线中消失,她才听不到他们的脚步声。她还是紧紧抱着不安分的瓦伊夫,瓦伊夫似乎想要跳下去追那队人,查曼低下头看看树叶之间的缇明兹。

"为什么你以前没有告诉过任何人?为什么你连诺兰巫师

都瞒着？"

"没有人问。"缇明兹回答，看起来很委屈。

是啊，当然没人会问！查曼心想。正因为如此，罗洛才会被收买来引起地精灵和威廉叔公之间的争吵！如果他没有病倒，或许最后还是会问他们。她想，还好卢博克死了。如果说路德维克王子是卢博克的孩子，那根据缇明兹所说的，卢博克很可能想要杀掉皇冠王子，代替他统治这个国家。她听起来大概是这么个意思。但现在还有路德维克王子要对付，她心想：我真的应该告诉国王他的事情。

"这些地精灵似乎很辛苦。"她对缇明兹说。

"是的，"缇明兹回答，"但他们也没有求助。"

所以他们不问，你就永远想不到要帮忙，是吧？查曼心想。好吧！我放弃了！"你能告诉我回家的路怎么走吗？"她问。

缇明兹犹豫了一下。"你觉得火魔知道钱都去了快乐城堡会高兴吗？"他问。

"是的，"查曼回答，"至少他的家人会。"

第十五章

闪闪被绑架

缇明兹很不情愿地带着查曼又经过那条长长的、复杂的路，走回了地精灵的洞穴。到了那里，他高兴地说："从这里的路回去，你知道怎么走了。"然后便消失在洞穴里，留下查曼独自抱着瓦伊夫。

查曼并不知道从这里怎么回去。她站在那个缇明兹说是雪橇椅的东西边上，愣了几分钟，一边想着该怎么办，一边看着地精灵们在东西上绘画、雕刻、装饰，他们完全没有空看查曼一眼。终于，她想到把瓦伊夫放到地上。

"带我回威廉叔公的房子，瓦伊夫，"她说，"你很聪明。"

瓦伊夫撒腿就跑，但查曼很快开始怀疑瓦伊夫是不是真的很聪明。瓦伊夫跑着，查曼跟着，她们左转，然后右转，然后又右转，这样像是过了几个小时。查曼一直不停想着她今天发生的事情，好几次，她都错过了瓦伊夫左转或是右转的时机，于是只好站在昏暗中等待，大喊："瓦伊夫！瓦伊夫！"直到瓦伊夫跑回来找到她。像这样，查曼可能把这段路变得比原来长一倍。瓦伊夫开始吃力地喘气，她的舌头越伸越长，但查曼不敢把她抱起来，以免她们回不到家里，她开始对瓦伊夫说话，鼓励她们俩。

"瓦伊夫，我必须告诉苏菲发生的事情，她现在一定在担心卡西法，我还要告诉国王那些钱币的事情，但如果我一回到家就去皇室宅邸的话，可怕的路德维克王子会在那里，假装他喜欢那些煎饼。他干吗不喜欢煎饼？煎饼很好吃。因为他是卢博金吧，我想。我不敢在他面前告诉国王，我们要等到明天，我想。你觉得路德维克王子什么时候会离开？今晚？国王告诉我两天后回去，那么路德维克那时应该已经离开了。如果我早点儿去，我可以先跟苏菲说说——噢，亲爱的！我刚想起来。卡西法说他们要假装离开，所以我可能找不到苏菲。噢，瓦伊夫，真希望我知道该怎么办！"

查曼说得越多，她越不知道该怎么办。最后，她累得说不动话，只好摇摇晃晃地跟在瓦伊夫苍白的、气喘吁吁的身后跑着。终于，慢慢推开一扇门，她们回到了威廉叔公的客厅，瓦伊夫呻吟一声，侧躺在地上，开始急促地喘息。查曼从窗户看着外面满是粉色和紫色的绣球花在阳光下绽放。都过了一整天了，她心想。难怪瓦伊夫那么累！难怪我的脚那么痛！彼得现在应该已经回家了吧，我真希望他已经准备好晚餐了。

"彼得！"她大叫。

没有回应，查曼抱起瓦伊夫，走进厨房。瓦伊夫无力地舔着查曼的手，感谢查曼让她不用再多走一步路。厨房窗外的阳光洒在蜿蜒的晾衣绳上,粉色和白色的衣服还静静地挂在院子外面,看起来没有彼得的踪迹。

"彼得?"查曼又叫了一声。

没有回应,查曼叹口气。显然,彼得彻底迷路了,比她更糟的是,不知道他什么时候才会再出现。

"太多彩色带子了!"查曼低声对瓦伊夫说,同时敲了敲壁炉为她要了狗粮。"笨小孩!"

查曼累得没有力气弄吃的。瓦伊夫吃完两碟狗粮,喝完查曼从盥洗室拿来的水,查曼便摇摇晃晃地走到客厅里,要了下午茶。她想了想,又要了第二份下午茶,然后她又要了早咖啡。然后她想着要不要去厨房要份早餐,但她发现她已经太累了,于是拿起一本书。

过了很久,瓦伊夫爬到沙发上,摇醒了她。

"噢,讨厌!"查曼说。她爬上床,甚至懒得梳洗便戴着眼镜睡着了。

第二天早上醒来时,她能听出来彼得已经回来了。盥洗室里传来嘈杂声,还有脚步声以及门开开关关的声音。他听起来精神很好,她心想,希望我也一样。她知道她今天一定得去皇室宅邸,于是她打了个哈欠便起床了。她挖出自己最后一套干净衣服,非常仔细地梳洗完自己的头发,瓦伊夫从什么地方焦急地跑来找她。

"对,早餐。好了,我知道了。"查曼说,"问题是,"她抱起瓦伊夫的时候说,"我害怕那位不显眼的先生,我想他比王子更坏。"她用一只脚推开门,转过身,又左转进入了厨房,然后她停下来，惊呆地看着。

一个陌生的女人正平静地坐在厨房桌前吃着早餐，她像是那种一看就知道很高效的女人。从她窄窄的晒黑的脸上就看得出她很利落，一双筋瘦细长的手上也能看出她很能干。那双手正利落地切着一大块糖汁薄煎饼，又从旁边切下一片培根肉。

查曼看着那块薄煎饼，又看了看那女人身上吉卜赛样子的衣服。她的衣服满是闪亮但已褪色的褶边，有些枯黄的头发上包着一块彩色头巾。那女人转过身，也吃惊地看着她。

"你是谁？"她们同时问道，那女人大张着嘴。

"我叫查曼·贝克，"查曼说，"我是来照看威廉叔公的房子的，精灵们带他去治疗了。"

那女人把嘴里的东西咽了下去。"太好了，"她说，"真高兴他还在这里留了个人照看，我可不想看到那只狗被单独留下来和彼得待在一起。另外，她已经喂饱了。彼得不是那种很喜欢狗的人，他还在睡觉吗？"

"呃……"查曼说，"我不知道，他昨晚没回来。"

那女人叹了口气。"我只要一转身他就会立刻消失。"她说，"我知道他一定安全到这里了。"她的叉子上叉着薄饼和培根，指了指窗外，"那些洗过的衣服满是彼得的痕迹。"

查曼的脸一下子红了起来。"有些是我的错，"她承认道，"我把长袍也放进去煮了，你为什么觉得那是彼得的错？"

"因为，"那女人说，"他从来都没法正确地用咒语，我总该清楚的，我是他母亲。"

查曼非常震惊，自己正在和蒙塔比诺的女巫说话，她很意

203

外。彼得的母亲当然应该是非常利落的人,查曼心想,但她来这里做什么?"我以为你要去英格里的。"查曼说。

"我去过了,"女巫说,"我连更远的怪奇吉亚都去过了,贝特丽丝女王告诉我,哈尔巫师来了上诺兰。于是我翻过山,找到了精灵们,他们告诉我,诺兰巫师在他们那里。于是我开始紧张起来,因为我想到彼得可能独自一个人在这里,我送他过来是为了安全考虑,你明白吧,于是我立刻赶了过来。"

"我想彼得很安全,"查曼说,"至少昨天迷路前他很安全。"

"他现在安全了,因为我来了。"女巫说,"我能感觉到他就在附近的什么地方。"她叹了口气。"我想我要去找他,他分不清他的左手和右手,你知道吧。"

"我知道。"查曼说,"他会用彩色的带子,他也很利落,真的。"但她一边在和超级利落的蒙塔比诺女巫说话,一边心想,彼得在她心中,一定就像她在彼得心中一样无药可救。父母啊!她心想。她把瓦伊夫放到地上,礼貌地问:"抱歉,但你是怎么用早餐咒语要来这些薄煎饼的?"

"当然是要下正确的指令,"女巫说,"你要来一点儿?"查曼点点头。女巫对着壁炉利落地轻弹手指。"早餐,"她命令道,"要薄煎饼、培根、果汁和咖啡。"装满东西的托盘立刻出现了,上面有一叠煎饼,中间流满了糖汁。"看到了吗?"女巫说。

"谢谢。"查曼说,感激地接过了托盘。

瓦伊夫的鼻子闻到了香味,开始原地打转叫喊。显然对瓦伊夫来说，女巫喂她的东西算不上早餐。查曼把托盘放到桌上，把一块最松脆的培根给了瓦伊夫。

"你这只狗有魔法。"女巫说完又继续吃她的早餐。

"她很可爱。"查曼一边说，一边坐下来开始吃煎饼。

"不，我不是这个意思，"女巫不耐烦地说，"我从来不乱说的。我是说，她——是会魔法的狗。"她又吃了口薄饼，嘴里塞满东西说："魔法狗很稀有，她有魔力，她把你当作主人是你的荣幸。我猜，她甚至还改变了自己的性别来配合你，我想你也应该很感谢她。"

"是的，"查曼说，"非常感谢。"我还不如去和希尔达公主一起吃早餐，她心想，女巫为什么那么严肃？她继续吃着她的早餐，想起来威廉叔公似乎确实以为瓦伊夫是公狗。瓦伊夫开始似乎确实是公狗，后来彼得把她抱起来才发现她是母狗。"我想你是对的。"查曼礼貌地说，"为什么彼得一个人在这里就不安全呢？他和我一样大，而我很安全。"

"我想，"女巫冷漠地说，"你的魔法要比彼得好多了。"她吃完了煎饼，开始拿起她的吐司。"如果彼得有机会搞砸一个咒语，他一定会。"她坚定地说，同时往吐司上涂着黄油，"不用告诉我，"她一边说，一边大大地咬了一口，"因为我也不相信你会说你的魔法不按照你的意志行动，无论你怎么努力。"

查曼想到了飞行咒语，还有修水管的咒语，又想到了袋子里的罗洛，然后说："确实。"她嘴里塞满了薄煎饼，"我想——"

"但，"女巫打断了她的话，"彼得完全相反，他的方法很完美，但咒语总是失败，我把他送来诺兰巫师这里，其中一个原因便是希望巫师能让彼得魔法有所进步。威廉·诺兰有《羊皮纸书》，你知道吧？"

查曼感觉她的脸又红了。"嗯……"她一边说，一边又递给瓦伊夫一块薄饼，"那《羊皮纸书》有什么用呢？"

"你要是再这么继续喂下去，那狗就要胖得走不动路了。"女巫说，"《羊皮纸书》能让人随意使用各种土、风、火、水的魔法，不过只有可靠的人才能让它起效。当然那人必须本来就有魔力。"她严肃的脸上露出一丝焦虑，"我想彼得有这个能力。"

查曼心想：火，我熄灭了彼得的火，这么说我是可靠的人？"他一定有这能力，"她告诉女巫，"如果你本来不会魔法的话，你没法让咒语出错的，你把彼得送来还有什么原因？"

"敌人。"女巫一边说，一边忧郁地喝着咖啡，"我有敌人，它们杀死了彼得的父亲。"

"你是说卢博克？"查曼问。她把东西都放回托盘上，又饮了一口咖啡，准备起身离开。

"这里，"女巫说，"似乎只有一个卢博克，据我所知。它似乎杀死了所有的对手。但确实，是卢博克引发的雪崩，我看到了。"

"那你不用再担心了，"查曼说着站了起来，"卢博克死了，卡西法前天把它消灭了。"

女巫很惊讶。"快告诉我！"她急切地说。

虽然查曼非常想赶去皇室宅邸，但她还是不得不坐下来，又倒了杯咖啡，然后把整个故事讲给女巫听，不仅包括卢博克和卢博克的卵，还有罗洛和卢博克的事情。这样用魔法似乎不太合适，她一边告诉女巫卡西法似乎失踪了，一边心里这么想。

"那你怎么还坐在这里？"女巫说，"快跑去皇室宅邸，立刻告诉苏菲！这位可怜的妇人现在一定快着急疯了！快点，姑娘！"

恐怕不止吧，真谢谢你告诉我，查曼不高兴地想，我可是宁可和我母亲住也不想和你相处，而且我也绝对更愿意和希尔达公主一起吃早餐！

她站起身，礼貌地说了再见。随后，瓦伊夫跟在她身后，一起冲出客厅，沿着花园外的小路跑去。幸好我没有告诉她会议室的路，她一边想，一边赶路，眼镜在她的胸前拍打着，要不然她会让我走那条路，那我就没机会去找卡西法了。

就在转弯的路前，她来到了卡西法炸碎卢博克卵的地方。一大块山崖滑落在那里，一大堆碎石块一直滚到了远远的路上。有几个牧羊人在石堆上爬着，找寻着埋在下面的羊群，还时不时地挠挠头，像是在思考塌方的原因，查曼犹豫了一下。如果有卡西法的踪迹，这些人一定早就发现他了。她放慢了脚步，经过时仔细地看着碎石堆。岩石之间似乎没有什么蓝色的痕迹，也没有什么火焰烧过的迹象。

她决定晚些再来彻底搜寻，然后又跑了起来。她几乎没有在意天空是湛蓝色的，而山间正弥漫着薄薄的蓝色雾气。那是上诺兰少有的酷热天。这对查曼唯一的影响是，瓦伊夫很快就看起来非常燥热，一边跑一边气喘吁吁，左右摇摆，伸出她那粉色的舌头，几乎长得要拖到地上。

"噢，你！我想是因为薄饼。"查曼说着抱起她，奋力向前跑。"真希望女巫没有说那些关于你的话，"她一边跑一边说，"这让我担心还要不要那么喜欢你。"

查曼跑到镇上时，已经和瓦伊夫一样燥热，热得她几乎希望自己也有一条像瓦伊夫一样能伸出来的舌头。她不得不放慢脚步，虽然她走了捷径，但去皇室广场的路还是感觉永远也走不完。她终于转过最后一个街角来到广场，发现自己被围观的人群挡住了去路。上诺兰一半的居民似乎都聚集在了这里，看着皇室宅邸边几英尺外竖立着的一栋新建筑。它和宅邸差不多一样高，又高又暗，看起来像煤炭的颜色，每个角上都有一座塔楼。这就是那天查曼隐约看到无精打采地从山间飞走的城堡。她和广场上的人一样惊奇地看着。

"它怎么搬到这里的？"有人在问。此时，查曼正在拼命往前挤。"它怎么搬得进来？"又有人说。

查曼看了看通向皇室广场的四条路，也开始想同样的问题。每条路都还不到城堡的一半宽度。但它就是稳稳地坐在那里，就好像是一夜间拔地而起的，查曼越发好奇地往前挤着。

她靠近城堡的墙边时，蓝色的火焰从一座塔楼中跳了出来，向她飞来。查曼急忙低头，瓦伊夫也扭动着身体。有人在尖叫。人群都在急忙往后退，留下查曼独自一人站在那里，面对着一团蓝色泪滴形状的火焰，飘在和她脸一样的高度。瓦伊夫的尾巴拍打着查曼的手臂，摇晃着向她问好。

"如果你要去宅邸，"卡西法噼里啪啦地对她们说，"告诉他们要快点,我不能让城堡整个早上都留在这里。"

查曼开心得几乎快要说不出话。"我还以为你死了!"她努力地挤出一句,"发生了什么?"

卡西法飞到空中,似乎有些惭愧。"我一定是把自己摔傻了,"他说,"我被埋在一堆石头下面,花了昨天一整天才从下面钻出来。出来后,我必须先找到城堡,它已经飞到几英里外了。我刚把它弄到这里,真的,去告诉苏菲,她今天要假装离开。还有告诉她,我的木头快烧完了,她听了应该会来。"

"我会的,"查曼答应道,"你确定你还好吗?"

"只是很饿,"卡西法说,"木头,记住了。"

"木头。"查曼答应,随后走上了宅邸的台阶,忽然感觉她的生活比之前好多了,开心多了,自由多了。

西姆很快就打开了大门,这让她很奇怪。他看到外面的城堡,还有围观的人群,摇摇头。"啊,查敏小姐,"他说,"今天早上真是越来越不太平。我想国王陛下可能还没准备好开始图书馆的工作,但还是请先进来。"

"谢谢,"查曼说着把瓦伊夫放到了地上,"我不介意等候,我有话要先和苏菲说。"

"苏菲……噢……潘德拉贡夫人,对吧,"西姆说着关上了门,"她今天早上似乎遇到了点儿麻烦。公主很生气,还有——还是先跟我来,你就知道我的意思了。"

他带领着查曼,沿着潮湿的走廊走去。还没到石阶的转角处,查曼就听到贾迈尔厨师的声音,"你要一个厨师怎么下厨,客人一会儿说要走,一会儿说不走了,一会儿又说要走,我问你啊！"随后传来的是贾迈尔的狗响亮的吼叫声，还混合着一些其他的声音。

苏菲站在石阶下面，怀里抱着摩根，闪闪像个天使般焦急地贴在她的裙子边，而那个胖胖的奶妈像平时一样毫无用处地站在一边。希尔达公主站在石阶边，比查曼之前看到的都更加高贵有礼。国王也在那里，红着脸显然很生气。查曼看了一眼他们所有人的表情就知道，现在不是提木头的时候。路德维克王子靠在楼梯栏杆上，看起来很高兴，有种居高临下的感觉。那位身穿舞会礼服的夫人，也表情轻蔑地站在他身边。让查曼惊慌的是，那位不显眼的先生也在，体面地站在王子边上。

你们不会想到他刚偷走了国王所有的钱币，这个畜生！查曼心想。

"我想说，这完全是辜负了我女儿的盛情款待！"国王说，"你不可以许下你无法遵守的诺言，如果你是我们的子民，我们会禁止你离开。"

苏菲想要尽量表现出尊严："我真的很想要遵守诺言，陛下，但你不能指望我在孩子受到威胁的情况下还留在这里，请至少先让我把他送到安全的地方，那样我就可以自由地完成任何希尔达公主想要做的事情。"

查曼明白苏菲的问题。路德维克王子和那位不显眼的先生在边上，她不敢说出她只是假装离开，而且她确实必须要设法保证摩根的安全。

国王生气地说："不要再给我们虚假的承诺了，年轻人！"

瓦伊夫忽然在查曼的脚边大叫。路德维克王子站在国王身后大笑着，敲击着他的手指。之后发生的事情让每个人都大为惊讶。那个奶妈和王子身边的年轻妇人都从她们的衣服中冒了出来。奶妈变成了一个强壮的紫色的人，浑身肌肉闪着光亮，光着脚爪。另外，那位妇人的礼服也裂开，露出紫色的肉体，身上黑色的衣服背后有几个洞，长着一双看起来不能用的紫色小翅膀。两个卢博金伸着巨大的紫色大手朝苏菲逼近。

苏菲惊叫着，抱着摩根转过身，逃离魔爪。摩根也在惊叫，既惊慌又害怕。其他的声音都淹没在了瓦伊夫的高声喊叫和贾迈尔的狗浑厚的叫吼中。贾迈尔的狗一边叫一边追赶着王子身边的那位妇人，还没有追到，那位妇人便扑动着小翅膀冲向闪闪，抓走了他。闪闪尖叫着，挥动着穿着蓝色天鹅绒裤子的双腿。那个奶妈变的卢博金挡在苏菲面前，不让她有机会营救闪闪。

"看到了吗？"路德维克王子说，"离开，不然你的孩子就危险了。"

第十六章

有逃跑也有发现

"这,"希尔达公主说,"这是暴——"

她还没喊完,闪闪就逃走了。他从卢博金紫色的双臂下挣脱,迅速跑上楼梯,他尖叫着:"救命!救命!别让他们碰我!"

两个卢博金把希尔达公主推到一边,跟着闪闪追上了楼梯。希尔达公主倒在了栏杆边,脸上通红,完全丧失了高贵感。查曼也追着卢博金跑上了楼梯,大叫着:"别碰他!快闪开!"后来,她想,也许是因为看到希尔达公主平常人的样子,她才会追出去。

楼梯下面,苏菲停留了片刻,然后把摩根交到国王怀中。"保护他的安全!"她对国王喊着。随后,她拉起自己的裙子,跟着查曼冲上了楼梯,大叫着:"站住!听到了吗!"

贾迈尔忠诚地在他们后面追赶,大叫着:"抓——贼!抓——贼!"同时大声喘着气。他的狗也从后面爬了上来,和它的主人一样忠诚，发出刺耳的大吼声，而瓦伊夫在阶梯下面来回奔跑着，发出雷鸣般的高声吠叫。

路德维克王子靠在希尔达公主对面的栏杆上，嘲笑着他们。

两个卢博金在石阶顶端抓住了闪闪，飞不起来的翅膀一直在扑腾，紫色的肌肉也闪着光。闪闪的双脚猛烈地踢着。有一刻，他那双穿着蓝色天鹅绒裤子的腿似乎变得很大，像是强壮的成年男人的脚，狠狠踢在奶妈变的卢博金腹部。另一个跑到楼梯上抱住他，而闪闪的右拳，像一只成年男人粗壮的拳头，砰地一下打在第二个卢博金的鼻子上。两个卢博金叠在了楼梯平台上，闪闪迅速继续往上跑。查曼看到他不断担心地往回看，一边转上下一段石阶，一边确认查曼和苏菲还有贾迈尔一直跟在后面。

两个卢博金以惊人的速度爬起来，往上冲去，追赶着闪闪。查曼和苏菲也在楼梯上追赶，而贾迈尔和他的狗吃力地在后面爬着。

下一段石阶跑到一半时，卢博金又抓住了闪闪。于是上面又传来沉重的撞击声，闪闪又一次挣脱，快速往上跑，上了第三段楼梯。他快要跑到顶端时，卢博金又追上他，扑到他身上。他们三个扭打作一团，只看见一堆手手脚脚还有挥动的紫色翅膀忽隐忽现。

此时，查曼和苏菲已经筋疲力尽，上气不接下气。查曼清楚地看到闪闪天使般的脸庞从那团纠缠着的身体中探了出来，认真地看着她们。查曼吃力地跑到平台上，准备开始爬下面这段台阶时，苏菲也跟了上来，一边提着她的衣服。此时，那团身体忽然炸开了。紫色的身体滚到一边,闪闪又挣脱了,加速跑上最后一段木楼梯。卢博金爬起来准备再追上去的时候,查曼和苏菲离她们已经不太远了。贾迈尔和他的狗在下面距离还有很长一段路。

跑在前面的五个踏得木楼梯咔嗒作响,闪闪开始爬得很慢。查曼想这一定是想表现优雅,可是卢博金却发出胜利的呼喊,加速向上爬。

"噢,不!别又来一次!"苏菲呻吟着看到闪闪推开顶上的门,跳到外面屋顶上,卢博金跟着他冲了出去。查曼和苏菲吃力地爬到顶上,一边从门里往外望,一边用力呼吸。她们看到那两个卢博金跨坐在金顶上。他们已经爬到一半,看起来似乎非常后悔跳上屋顶。没有见到闪闪的踪迹。"他去哪了?"苏菲问。

她刚说完,闪闪就出现在门口,脸色通红,发出天使般的笑声,金色的卷发像是被风吹出了光环。"来看我发现了什么!"他高兴地说,"跟我来。"

苏菲一手抓着她的裙摆,一手指着屋顶。"那两个怎么办?"她气喘吁吁地讲,"我们是应该希望他们摔下去吗?"

闪闪露出牙齿可爱地笑了。"等着看啰!"他抬起头听着。楼梯下面,厨师的狗的叫声越来越响。它已经超过了它的主人,一边吠叫着一边跑上木楼梯,喘得非常厉害。闪闪点点头,转向了屋顶。他做了个小小的手势,念了一句话。爬在外面的两个卢博金忽然缩小了,发出难听的碾碎的声音,变成了两只紫色的小东西扑腾着,在金顶的梁上摇摇晃晃。

"什么——?"查曼说。

闪闪的笑容变得更像天使了。"乌贼,"他高兴地说,"厨师的狗一定很喜欢乌贼。"

苏菲说:"啊?噢,乌贼,我懂你了。"

她说话间,厨师的狗就跑了上来,张牙舞爪,嘴角边还淌着口水。它像一条棕色的闪电冲出了门外,冲到屋顶上。跑到一半,它的嘴就开始发出咯吱咯吱咀嚼的声音,然后又是一声咯吱咯吱,乌贼便消失了。此时,那只狗似乎才注意到它在哪里。它待在原地,两只脚在屋顶的一边,另两只僵硬地站在另一边,它可怜地哀叫着。

"噢,可怜的家伙!"查曼说。

"厨师会救它的,"闪闪说,"李们两个快跟窝来,李们穿过这扇门,在脚落地前左转。"他往左穿过了门,消失不见了。

噢,我想我明白了!查曼心想。这就和威廉叔公屋里的门一样,只是这扇门高得让人畏惧。她让苏菲先走,这样如果苏菲走错了,她就可以拉住苏菲的裙子。不过苏菲可比查曼更擅长魔法。她往左走去,毫不费力地就消失了。查曼迟疑了片刻才敢跟上去。她闭上眼往左迈了一步。可她刚迈出去眼睛就同时睁开了,眼睛的余光看到金色的屋顶从她身边闪过。她还没来得及惊叫"伊尔夫"和呼唤出飞行咒语,便到了另一个地方,那是一个温暖的三角形空间,看得到屋顶里的木椽。

苏菲咒骂了一句。在昏暗的灯光下,她的脚趾撞到了四处堆着的积满灰尘的砖块。

"太坏了,太坏了。"闪闪说。

"噢,闭嘴!"苏菲说,她用一只脚站着,手握着另一只的脚趾。"你干吗还不变大?"

"还没到时候,提醒李,"闪闪说,"窝们还有路德维克王子要瞒。啊,看!窝刚才来这里的时候也看到了。"

最大的一堆砖块外闪着一道金光。那些砖块也在灰尘下闪着同样耀眼的金色光芒。查曼意识到,这些根本不是砖块,而是货真价实的金条。令人更加确信的是,眼前出现了一条金色的条幅,飘浮在金条前面,上面用古老的字迹写着:

赞美梅里柯巫师为国王将金块藏于此

"哈欠!"苏菲打了个喷嚏,松开她的脚趾。"梅里柯一定和你一样口齿不清。你和他真是相知啊!连自大狂妄的程度都一样。他一定很想看到自己的名字闪着金光吧?"

"窝并不需要自己的名字闪光。"闪闪郑重其事地说。

"哼!"苏菲说。

"我们在哪儿?"查曼很快问,看起来苏菲像是要拿起一块金条朝闪闪脑袋砸去了。"这里是皇家宝库?"

"不,是金顶下面,"闪闪告诉她,"很狡猾吧?大家都以为屋顶不是真金,所以没人想到来这里找真正的金子。"他拿起一块金砖,在地板上敲了敲,抖去上面的灰尘,然后放到了查曼手里。那太重了,她差点摔在地上。"李拿着证据,"他说,"窝想国王会很高兴看到这个的。"

苏菲看起来气也消了,她说:"别再口齿不清了!我快疯了！比起痛恨你的金色卷发，我更痛恨你的口齿不清！"

"但想想这多有用啊，"闪闪回答，"恶心的路德维克想要绑架我，完全忘记了摩根。"他转过大大的蓝眼睛，意味深长地看着查曼说："我的童年很悲惨，没有人喜欢我，我想我有权利再来一次，让自己看起来更漂亮，不是吗？"

"别听他乱说，"苏菲说，"都是借口。哈尔，我们怎么从这里出去？我把摩根交给国王了，路德维克也在下面一起。如果我们不快点下楼去，路德维克随时会想到抓走摩根的。"

"还有，卡西法让我告诉你们要快，"查曼突然插话进来，"城堡等在皇室广场上，我来其实是要告诉你——"

她还没来得及把话说完，闪闪就让灰尘弥漫的阁楼在他们身边旋转起来，他们随即便回到了敞开着门的屋顶。门外面，贾迈尔脸朝下趴在屋顶横梁上，全身颤抖，一只手伸着，紧紧抓着狗的左后腿。那只狗在恐惧地大叫着。它讨厌腿被抓着，也讨厌屋顶，却因为害怕掉下去而完全不敢动弹。

苏菲说："哈尔，他只有一只眼睛，完全掌握不了平衡。"

"我知道，"闪闪说，"我知道，我知道！"

他挥了挥手，贾迈尔开始向后朝着门倒滑回来，还是拉着狂吠的狗。"我要死了！"贾迈尔正喘息着，他和狗便一起落到了闪闪的脚边，"我们怎么没有死？"

"天晓得，"闪闪说，"抱歉，我们要去和国王谈谈金子的事情。"

他啪嗒啪嗒走下楼梯。苏菲追在他后面，而查曼紧跟着，因为砖块的重量，下楼时走得非常笨重。他们冲到下面，再下面,再下面,转过最后一段台阶顶端的转角。他们刚好看到路德维克王子把希尔达公主推到一边,绕过西姆,从国王怀中抢过摩根。

"坏人!"摩根大叫着。他抓住路德维克王子漂亮的卷发,狠命地往下拉。头发掉了下来,王子露出平滑的光头,是紫色的。

"我都跟你说了!"苏菲尖叫着,像是插上了翅膀。她和闪闪肩并肩冲下台阶。

王子抬头看看他们,又低头看看瓦伊夫,她正在咬着他的脚踝,想要从摩根的手里叼走他的假发。摩根正在用假发敲着路德维克的脸,不停叫着"坏人"。那位不显眼的先生大叫着:"这里走,陛下!"于是两个卢博金冲向了距离最近的门。

"别去图书馆!"国王和公主异口同声地大喊。

他们喊得那么认真,那么威严,那位不显眼的先生甚至真的停下了脚步,转过身,领着王子跑去了另一个方向。这让闪闪有时间能够追上路德维克王子,抱住了他拖下来的丝绸袖子。摩根开心地大叫着,把假发扔到了闪闪脸上,让他有些看不清东西。闪闪无助地被一直拖到了最近的门口,不显眼的先生在前面跑,瓦伊夫在后面追,发出尖声的吠叫,而瓦伊夫身后的苏菲也在大叫:"放下他,不然我会要你的命!"她身后,国王和公主也在追赶着。

"我说,这太过分了!"国王大喊着,公主只是命令他们"停下"。

王子和不显眼的先生想要带着孩子躲进门里,把苏菲和国王挡在门外。但他们关门的一刻,瓦伊夫不知怎么又把门打开了,其余的人一起追了进去。

查曼和西姆跑在最后。此时,她的手臂已经开始痛了。"你能拿着这个吗?"她对西姆说,"这是证据。"

她把金块交给西姆,他回答:"当然可以,小姐。"那重量也让他的手臂立刻垂了下来。查曼留下他抱着金砖,自己跑进了那间墙边排满了摇摆木马的大房间里。路德维克王子站在房间正中,紫色的光头看起来非常奇怪。他现在一只手臂抱着摩根的脖子,瓦伊夫在他的脚边不停跳跃着,想要够到摩根很难,他的假发像一只死去的动物,躺在地毯上。

"按我说的做,"王子说,"不然这个孩子就危险了。"

查曼忽然看到一束蓝光闪进壁炉里。她仔细地看,发现是卡西法,他一定是从烟囱下来想要找木头的。他躺在没有点燃的木头中间,高兴地舒了一口气。他看到查曼正看着他,于是朝她眨了眨橘色的眼睛。

"他就危险了,我说!"路德维克王子激动地大喊。

苏菲看着摩根在王子的手臂中扭动,又低头看了看闪闪,他正站在那里看着他的手指,仿佛他从来没见过一样。她又看到了后面的卡西法,似乎在忍着不要笑出声。她的声音有些颤抖:"陛下,我提醒您,您正在犯下大错。"

"确实如此,"国王应和道,他因为追逐气喘吁吁,脸上通红,"我们上诺兰通常没有叛国罪审判,但我们会很高兴拿你来做实验。"

"就凭你们?"王子说,"我可不是你的子民,我是卢博金。"

"那根据法律,你就不能从我父亲那里继承王位。"希尔达公主说。与国王不同,她表现得非常冷静,颇有皇家风范。

"噢,不行吗?"王子说,"我的父亲,卢博克,说我会成为国王,它要依靠我统治这个国家,它除掉了巫师,再没有什么能阻挡我们了。你必须马上加冕我为国王,不然这个孩子就危险了,他是我的人质,除此之外,我还有什么做错的地方吗?"

"你夺走了他所有的钱!"查曼大叫,"我看到你们——你们两个卢博金——让地精灵把这里所有的税款搬去快乐城堡!你马上放开那个小男孩,在他窒息前!"摩根的脸上泛着红光,他已经在拼命地挣扎。我想卢博金没有真正的情感,她心想。我也不知道为什么苏菲觉得这有那么好玩!

"我的天啊!"国王说,"原来都去了那里,希尔达!终于解开了一个谜团。谢谢,亲爱的。"

路德维克王子恶狠狠地说:"你们为什么那么高兴?你们没听到我说的吗?"他转过头对不显眼的先生说:"他接下来要给我们上煎饼了!去念咒语吧,带我离开这儿。"

那位不显眼的先生点点头,伸出淡紫色的双手。但就在此时,西姆手里抱着金砖,摇摇晃晃地走了进来。他一路冲到不显眼的先生面前,金块刚好砸在先生的脚趾上。

随后,一连串事情紧接着发生了。

那位先生似乎痛苦极了,大叫着四处乱跳,摩根似乎也快喘不过气来。他的手奇怪地挥舞着,像是在抽搐。路德维克王子感觉自己像是抱着一个很高的、穿着优雅的蓝色绸缎外套成年人。他放下了那个人,那人立刻转过来一拳打向王子的脸。

"你竟敢!"王子尖叫着,"我真难以相信!"

"你运气太差了。"哈尔巫师说着,又打了他一拳。这次,路德维克王子踩到了他的假发,砰的一声滑倒在地。"卢博金就只能听懂这些了,"巫师对他身后的国王说,"受够了吗,小卢卢?"

与此同时,摩根似乎穿着闪闪的蓝色天鹅绒外套,既大得很不合身,又满是皱褶。他冲向巫师,大叫着:"爸爸——爸爸——爸爸!"

噢,我明白了!查曼心想,他们设法交换了位置,这真是很棒的魔法。我想知道这是怎么做到的。她一边想着,一边看着巫师小心地不让王子靠近摩根。她不明白为什么哈尔还想要比现在更漂亮。他已经是大多数人心中的英俊男人了,而且,他的头发美得有点儿不太真实。他一头亚麻色的卷发落在蓝色的丝缎肩头,漂亮极了。

同时,西姆一步步后退着——不显眼的先生一直向着他跳去——似乎有什么正式的事情要宣布,但因为摩根大喊大叫,瓦伊夫也用力吠叫,于是大家只能听到他说"国王陛下""尊贵的陛下"什么的。

西姆在说话时,哈尔巫师看着壁炉,点点头。于是,巫师和卡西法之间似乎发生了什么事情,那不像是一道光线,也不像是一闪而过的隐形之光。查曼还在想着要如何描述这一幕,路德维克王子忽然蜷了起来,消失在地上。不显眼的先生也一样,他们原来的位置只剩下两只兔子。

哈尔巫师看着他们,然后又看看卡西法。"为什么是兔子?"他一边问,一边抱起摩根。摩根立刻停止了哭喊,房间里顿时安静了下来。

"那些人跳来跳去的,"卡西法回答,"就让我想起了兔子。"

不显眼的先生还在跳来跳去,但他现在是一只大白兔,长着一双鼓鼓的紫色眼睛。路德维克王子则变成了一只黄褐色的兔子,长着一双更大的紫色眼睛,他似乎惊讶地不敢动弹。他摇晃着耳朵,抽动着鼻子——

此时,瓦伊夫冲了上去。

与此同时,西姆刚准备介绍的宾客已经走了进来。瓦伊夫干掉了那只黄褐色的兔子,就在地精灵制作的那把雪橇椅脚下——蒙塔比诺的女巫正推着。威廉叔公脸色苍白地靠在雪橇椅里的蓝色靠垫上,虽然还是瘦弱,但显然好了许多。他和女巫,还有站在靠垫边的缇明兹,都从椅子刻着蓝色花纹的侧边探出头,看着瓦伊夫发出一声短促的咆哮,咬住黄褐色兔子的脖子把它抛起来,然后又咆哮着叼住它往后抛,直到它砰的一声落在地毯上,死了。

"漂亮!"诺兰巫师、国王、苏菲和查曼同时说,"我还以为瓦伊夫这么小做不到呢!"

希尔达公主等到兔子落在地上,就走到雪橇椅边上。她没有在意瓦伊夫开始疯狂地满屋子追赶那只白兔子。"亲爱的玛蒂尔达公主,"公主一边说,一边拉起彼得母亲的双手,"上次在这里见到你真是很久以前的事了，我真希望你能多留一段时间。"

"看情况吧。"女巫冷漠地说。

"我女儿的堂妹，"国王对查曼和苏菲解释，"她更喜欢被别人叫某地的女巫。如果有人叫她玛蒂尔达公主，她会生气，我女儿还是很坚持这样叫她，希尔达不能容忍做事不按照礼仪。"

此时，哈尔巫师把摩根抱起来，坐在他的肩头，这样他们就可以一起看瓦伊夫把白色的兔子围在第五只摇摆木马后面，又传来一些叫声。不久，白色兔子的尸体从木马后面飞了出来，瘫在地上，死了。

"好哎！"摩根大叫，拳头敲在他父亲头上。

哈尔很快把他放下来，交给苏菲。"你跟他们说金子的事了吗？"他问她。

"还没有，那个证据落在某个人的脚上了。"苏菲一边说，一边紧紧抱着摩根。

"现在告诉他们，"哈尔说，"这里还有什么地方不太对劲。"他弯下身，抓住正要跑回查曼身边的瓦伊夫。瓦伊夫扭动着，哀叫着，伸长着脖子，想尽力表达她是想要去查曼那里。"等等，等等。"哈尔一边说，一边把瓦伊夫转了过去。最后，他抱着她朝雪橇椅走去，国王正高兴地握着诺兰巫师的手，而苏菲正拿着金块给他们看。女巫和缇明兹以及希尔达公主都拥在苏菲身边，一边看一边问，想知道苏菲是在哪里找到金子的。

查曼站在房间中间，感觉自己被抛弃了。她心想："我知道我这样很不讲理，其实我和以前一样，我只是想要回瓦伊夫，我想他们把我送回母亲身边时也能让我带着她一起回去。很明显，彼得的母亲会照看威廉叔公，那我要去哪儿呢？"

一声剧烈的碰撞响声。

墙在颤动，卡西法从壁炉里飞了出来，盘旋在查曼的头顶。接着，一个巨大的洞缓慢地在壁炉边的墙上张开。墙纸先开始剥落，接着是下面的灰泥。随后，灰泥背后的黑色石块渐渐碎裂消失了，渐渐的，墙上只剩下一块黑色的空间。最后，彼得背朝外被从洞里推了出来，落在查曼面前。

"黑洞！"摩根指着那里大叫。

"我想你是对的。"卡西法说。

彼得似乎没什么大碍。他抬头看看卡西法，说："所以你没死，我就知道她是大惊小怪，她从来就不够明智。"

"哦，真谢谢你，彼得！"查曼说，"那你什么时候明智过了？你去哪儿了？"

"确实，"蒙塔比诺的女巫说，"我也很好奇。"她推着雪橇椅走向彼得，威廉叔公和缇明兹还有所有人都看着彼得，除了希尔达公主。希尔达公主正难过地看着墙上的洞。

彼得似乎一点儿也不担心，他站起来。"好啊，妈妈，"他高兴地说，"你为什么不在英格里？"

"因为哈尔巫师在这里，"母亲说，"你呢？"

"我去了诺兰巫师的工作室，"彼得说，"我给查曼留了纸条就去了。"他挥舞着绑满各色彩带的双手，告诉大家他是怎么去的。随后，他不安地看着诺兰巫师："我在那里很小心，先生，真的。"

"真的吗?"威廉叔公问,同时看了看墙上的洞,洞似乎在渐渐愈合。黑色的石头慢慢闭合起来,灰泥也紧跟着爬了回去。"那你一天一夜在那里做了什么,我能问问吗?"

"研究占卜咒语,"彼得解释,"花了太长时间了,还好你有那么多食物咒语,先生,不然我现在一定真的很饿了。另外,我用了你的行军床,希望你不介意。"从威廉叔公脸上的表情看起来,显然他介意。彼得着急地说:"但咒语起作用了,先生,皇家宝库一定就在这里,我们所在的这个地方,因为我让咒语带我去那里。"

"正是如此,"他母亲说,"哈尔巫师已经找到了。"

"噢。"彼得说,他看起来非常失落,但又忽然振奋起来:"那我终于用成功一个咒语了!"

大家都看着渐渐愈合的洞。墙纸正在慢慢回到灰泥上,但显然,那堵墙再也回不到原来的样子了,看起来凹凸不平。

"我想这一定能大大地安慰你,年轻人。"希尔达公主痛苦地说。彼得呆呆地看着她,显然在想她是谁。

他的母亲叹口气。"彼得,这位是上诺兰的希尔达公主殿下。你还是应该站起来向她和她的国王父亲鞠个躬。毕竟,他们也算我们的亲人。"

"怎么可能?"彼得问。但他还是从地上爬起来,礼貌地行了个礼。

"我的儿子,彼得,"女巫说,"现在或许要成为您皇位的继承人了,陛下。"

"很高兴见到你,小伙子。"国王说,"这开始变得有些混乱了，有人能给我解释下吗？"

"我来给您解释，陛下。"女巫说。

"我们还是先坐下吧，"公主建议道，"西姆，请捡走这两只——呃——死兔子。"

"好的，夫人。"西姆说。他走到房间里，捡起两具尸体。他显然不想错过女巫的任何话，于是查曼猜他一定只是把兔子扔在门外了。当他急忙赶回屋里时，大家都已经坐到了褪色的大沙发上，除了威廉叔公还是躺在他的靠垫上，看起来很瘦很累，缇明兹坐在威廉叔公耳朵边的靠枕上，卡西法则回到了炉架上。苏菲把摩根抱到膝盖上，摩根把拇指放在嘴里睡着了。哈尔巫师终于把瓦伊夫还给了查曼，他交给查曼时脸上带着歉意的迷人笑容，让查曼感觉有些慌乱。

我更喜欢他成人时的样子，她想。难怪苏菲那么生闪闪的气。与此同时，瓦伊夫在叫着跳着，把爪子放在查曼胸前吊着的眼镜上，想要舔她的下巴。查曼摸摸瓦伊夫的耳朵，又拍拍瓦伊夫头上乱糟糟的毛发，同时一边听着彼得母亲所说的话。

"你们应该知道，"女巫说，"我嫁给了我的哥哥汉斯·尼古拉斯，他当时是上诺兰王位的第三顺序继承人。我是第五位，但因为我是女人，所以并不算在列。此外，这世上我唯一想做的事情是要成为专业女巫，汉斯也对做国王没有兴趣。他喜欢爬山和探索洞穴以及寻找冰山中的新路。我们很高兴让我们的哥哥路德维克继承王位。我们都不喜欢他，汉斯总是说，路德维克是他所认识的最自私、最冷漠的人。但我们都认为，如果我们离开这里，表示我们对王位没有兴趣，那他就不会来烦我们。

"于是我们搬去了蒙塔比诺，我成为了女巫，而汉斯成为了山里的向导。我们一直很开心，直到彼得出生了，那时，我们的兄弟姐妹都可怕地相继死去。不仅是死去，而且被传说他们很邪恶，是因为他们的邪恶才死去。直到伊索拉·玛蒂尔达，我们姐妹中最善良、最温和的那个被传是在谋杀他人时去世的，汉斯就肯定，这一切都是路德维克做的。'这是有预谋地谋害所有其他的王位继承人，'他说，'同时让我们都背上恶名。'"

"我只是很担心汉斯和彼得。那时，汉斯已经是仅次于路德维克的王位继承人，随后是彼得。于是我拿出自己的扫帚柄，把彼得背在身后，一路飞到英格里寻求彭斯特梦夫人的帮助，是她教我成为女巫的。我想，"女巫说着转向哈尔，"她也是你的老师，哈尔巫师。"

哈尔朝她露出迷人的微笑："你那是后来的事，我是她的第一个学生。"

"你知道她是最棒的，"蒙塔比诺的女巫说，"你同意吧？"哈尔点点头。"你可以相信任何她告诉你的事情，"女巫继续说，"她总是对的。"苏菲也点点头，有些难过。"但当我去向她求助时，"女巫说，"她也想不出什么更好的办法，只有带着彼得跑得越远越好，比如去英希科。我说：'那汉斯怎么办？'于是她也觉得我确实有理由担心。'给我半天时间，'她说，'让我想想办法。'于是她跑进屋里，把自己关在工作室里。过了不到半天，她惊恐地走了出来。我以前从来没见过她这么紧张。'亲爱的，'她说，'你的兄弟路德维克是一种邪恶的生物，叫作卢博金，他是上诺兰和蒙塔比诺之间那座山上的卢博克的后代，他的所作所为确实正如汉斯所料，无疑是有那只卢博克在帮忙。你必须立刻回蒙塔比诺！期望你能及时赶到。无论如何，不能让任何人知道你孩子的真实身份——不能告诉彼得，也不能告诉其他人，不然卢博克也会杀掉那个人！'"

"噢，这就是你为什么从来也没和我提起过？"彼得说，"你应该早告诉我，我能照顾我自己的。"

"这，"他母亲说，"也正是可怜的汉斯所想的，我应该让他和我们一起去英格里。别插嘴，彼得。你差点让我忘记说彭斯特梦夫人最后告诉我的话，她说：'有一样东西能解答你的疑问，亲爱的。在你的故土，有一样东西，或者说，曾经有一样东西，叫作半精灵，它属于皇室家族，拥有保护国王与整个国家的力量。去找上诺兰的国王，请他把半精灵借给彼得。这会保护他的安全。'于是我感谢过她后便又背起彼得，尽快飞回了蒙塔比诺。我想找汉斯和我一起去上诺兰找寻半精灵，但我到家时，别人告诉我，汉斯和救援队一起到格雷特霍恩斯山里去了。于是我有一种不祥的预感，我直接飞到了山上，背上依然背着彼得。他饿得直哭，但我不敢停下。我刚好赶到，看到卢博克引发了雪崩，杀死了汉斯。"

女巫说到这里停了下来，仿佛她再也说不下去了。大家都恭敬地等着她咽下泪水，用一块彩色的手帕轻轻擦了擦她的双眼。然后，她利落地抖了抖肩膀。"我当然立刻在彼得周围施了保护魔法，最强的那种。这魔法一刻也没有离开过他，我让他尽量隐秘地长大，也完全不介意路德维克开始告诉人们，我是那个被关在快乐城堡中的疯子。这也就是说，没人知道彼得的存在。雪崩后的第二天，我把彼得托付给了邻居，自己来到上诺兰。您或许还记得我来的时候吧？"她问国王。

"是的，我记得，"国王说，"但你完全没有提到彼得和汉斯，所以我不知道这事那么悲伤，那么紧急，我当然没有半精灵，我甚至不知道它长什么样。你所做的一切都是为了让我和我的好朋友诺兰巫师一起去寻找半精灵，我们已经找了十三年了，而我们也没有什么进展，对吧，威廉？"

"我们毫无进展，"威廉叔公在雪橇椅中附和道，"人们都以为我是半精灵方面的专家，还有人甚至说我就是半精灵，是我在守护国王，我是在守护他，但不是像半精灵那样守护。"

"这也是我把彼得送去你那里的原因之一，"女巫说，"谣言总也有可能是真的。而且我知道，你总有办法保护彼得的安全。我自己也找了那个半精灵好多年，因为我想它能赶跑路德维克。怪奇吉亚的贝特丽丝告诉我，英格里的哈尔巫师比世上任何巫师都更擅长占卜，于是我去了英格里想请他帮助我寻找。"

哈尔巫师转过头，大笑了起来。"你是得承认，我确实找到了！"他说，"非常出乎意料，它就坐在那里，坐在查敏小姐的膝盖上。"

"什么——瓦伊夫？"杳曼说。瓦伊夫摇了摇她的尾巴，看起来很害羞。

哈尔点点头。"对的，你的小魔法狗。"他转向国王，"你那些档案里就没有什么地方提到过狗？"

"到处都是，"国王说，"但我不知道——我的曾祖父在他的狗去世后,为它举行了国葬,我只是非常疑惑这有什么好大惊小怪的!"

希尔达公主轻轻咳嗽了一声。"当然,我们大多数油画现在都卖掉了,"她说,"不过我还记得,很多画像上历代国王的边上确实都有一只狗。通常都是小小的……呃……比瓦伊夫看起来更尊贵些的。"

"我想它们有各种大小,各种外形的,"威廉叔公打断说,"在我看来,半精灵似乎是某些狗能继承的特质,而后代的国王已经忘记了如何培养。比如,现在瓦伊夫有了她的小狗——"

"什么?"查曼说,"小狗!"瓦伊夫又摇了摇她的尾巴,看起来更加害羞。查曼抬起瓦伊夫的下巴,责备地看着她的眼睛。"是和那只厨师的狗吗?"她问,瓦伊夫害羞地眨眨眼。"噢,瓦伊夫!"查曼大叫,"天晓得它们会长什么样!"

"我们等等看吧,"威廉叔公说,"其中有一只会继承半精灵特质,还有一件重要的事,亲爱的,瓦伊夫认主了你,所以你成为了上诺兰的半精灵守护者。此外,蒙塔比诺女巫告诉我,《羊皮纸书》也认主了你——对吗?"

"我……呃……嗯,它确实允许我使用咒语。"查曼承认。

"那就对了。"威廉叔公说完,舒服地靠回了坐垫上,"你现在起住在我这儿,做我的学徒,你要学习如何协助瓦伊夫保护这个国家。"

"是……噢……但……"查曼支支吾吾地说,"母亲不会允许我……她说魔法是不得体的。我父亲不会介意,或许吧,"她继续说,"但我母亲——"

"我来劝她，"威廉叔公说，"如果有必要，我会让你森布罗尼婶婶去说服她。"

"除此之外，"国王说，"我还会颁布皇室法令，你母亲会为此感动的。你明白吗，我们需要你，亲爱的。"

"是的，但我想帮你整理书！"查曼大叫。

希尔达公主又轻轻咳嗽了一声。"我会很忙，"她说，"要重新翻新、装饰这座宅邸。"金块就在她脚边的地毯上，她用一只脚轻轻地敲了一下。"现在我们又有了钱，"她高兴地说，"我建议你每周两次代替我来图书馆和父亲一起工作，如果诺兰巫师不介意的话。"

"哦，谢谢！"查曼说。

"另外，"公主继续说，"至于彼得——"

"不需要为彼得操心，"女巫打断了她的话，"我会留下来照看彼得、查曼还有房子，至少等到诺兰巫师能站起来了，或许我可以永远住下来。"

查曼、彼得和威廉叔公都害怕地互相看了看。查曼心想：我明白她为什么那么利落了，独自保护彼得不容易，但如果她留下来，我宁愿回去和我母亲住！

"一派胡言，玛蒂尔达，"希尔达公主说，"我们非常在意彼得，现在他就是我们的皇冠王子。彼得要住在这里，向诺兰巫师学习魔法，你要回蒙塔比诺，玛蒂尔达，他们需要你。"

"我们地精灵会照看房子，就像往常一样。"缇明兹说。

噢，好吧，查曼心想，我想我还没有学会照看房子——彼得当然更不会！

"谢谢你,缇明兹。谢谢你,希尔达。"威廉叔公轻声说,"一想到我的房子会井井有条——"

"我会很好的,妈妈,"彼得说,"你不需要再保护我了。"

"如果你这么肯定的话,"女巫说,"似乎我——"

"现在,"希尔达公主和女巫一样利落地说,"我们要对我们最好的朋友说再见了,虽然他们有些古怪,我们要送他们回城堡了,大家一起来吧。"

"哇!"卡西法说着从烟囱里蹿了出去。

苏菲站起身,把摩根的拇指从他嘴里拿出来。摩根醒了,看看周围,发现父亲在那里,然后又看看四周。他的脸沉了下来。"闪闪,"他说,"闪闪在哪儿?"他开始大哭。

"快瞧瞧你干的好事!"苏菲对哈尔说。

"我随时都可以再变成闪闪。"哈尔说。

"你敢!"苏菲说着,跟在西姆身后走进了潮湿的走廊。

五分钟后,他们来到了宅邸的门前,看着苏菲和哈尔拖着大哭大闹的摩根走进城堡的门里。门关上时,摩根还在喊着"闪闪,闪闪,闪闪"。查曼弯下腰,对怀里的瓦伊夫悄悄说:"你确实保护了这个国家,对吗?我竟然一点儿也没有注意到!"

此时,上诺兰半数的人民都聚集在皇室广场,看着城堡。他们难以置信地看着城堡慢慢站了起来,往通向南边的路走去。那只是一条小巷。"它走不过去!"人们说着。但城堡还是把自己挤得扁扁的,挤进了巷子中,慢慢走出了他们的视野。

上诺兰的居民们看着远去的城堡爆发出欢呼声。

图书在版编目（CIP）数据

迷宫之屋 /（英）戴安娜·韦恩·琼斯著；林盛译
. -- 上海：文汇出版社，2020.9
（哈尔的移动城堡三部曲）
ISBN 978-7-5496-3279-4

Ⅰ. ①迷… Ⅱ. ①戴… ②林… Ⅲ. ①儿童小说－长篇小说－英国－现代 Ⅳ. ①I561.84

中国版本图书馆CIP数据核字(2020)第140145号

HOUSE OF MANY WAYS © Diana Wynne Jones, 2008
Published by arrangement with David Higham Associates through Bardon-Chinese Media Agency.
Chinese simplified character translation right © 2020 by Dook Media Group Limited.

中文版权 © 2020 读客文化股份有限公司
经授权，读客文化股份有限公司拥有本书的中文（简体）版权
著作权合同登记号 图字：09-2020-742

迷宫之屋

作　　者 /	［英］戴安娜·韦恩·琼斯
译　　者 /	林　盛
责任编辑 /	张　涛
特邀编辑 /	吴亚雯　孟　南
封面装帧 /	向　静
出版发行 /	文汇出版社 上海市威海路 755 号 （邮政编码 200041）
经　　销 /	全国新华书店
印刷装订 /	北京盛通印刷股份有限公司
版　　次 /	2020 年 9 月第 1 版
印　　次 /	2020 年 9 月第 1 次印刷
开　　本 /	880mm × 1230mm　1/32
字　　数 /	150 千字
印　　张 /	7.5

ISBN 978-7-5496-3279-4
定　　价 / 40.50 元

侵权必究
装订质量问题，请致电010-87681002（免费更换，邮寄到付）